接住孩子的情绪

蒋欢娜————著

苏州新闻出版集团
古吴轩出版社

图书在版编目（CIP）数据

接住孩子的情绪 / 蒋欢娜著. -- 苏州：古吴轩出版社，2024. 7（2025. 5重印）. -- ISBN 978-7-5546-2400-5

Ⅰ. G78

中国国家版本馆CIP数据核字第2024P4U294号

责任编辑：蒋丽华
见习编辑：胡　玥
策　　划：周建林
装帧设计：尧丽设计

书　　名：**接住孩子的情绪**
著　　者：蒋欢娜
出版发行：苏州新闻出版集团
　　　　　古吴轩出版社
　　　　　地址：苏州市八达街118号苏州新闻大厦30F
　　　　　电话：0512-65233679　　邮编：215123
出 版 人：王乐飞
印　　刷：水印书香（唐山）印刷有限公司
开　　本：670mm×950mm　1/16
印　　张：11
字　　数：103千字
版　　次：2024年7月第1版
印　　次：2025年5月第2次印刷
书　　号：ISBN 978-7-5546-2400-5
定　　价：46.00元

如有印装质量问题，请与印刷厂联系。010-89565680

孩子自从呱呱坠地开始，就有了情绪。

随着年龄的增长，孩子的情绪逐渐变得多样化，从最初简单的哭、笑，发展出表达感情的喜、怒、哀、乐。3岁后，孩子的社会情感发展迅速，对人、事开始产生自己独特的想法和见解，情绪的表达也日益丰富。但此时的他们对情绪的控制能力还不强，表达能力也有限，在生活中常常会表现出撒泼打滚的行为，令家长很头疼，从而成了家长口中"越大越难管"的孩子。

当家长的意愿与孩子的需求不一致时，很多家长会摆出大人的姿态，粗暴地对孩子说一些如"你吃我的、用我的，就该听我的"之类的话，居高临下地把自己的思想强加给孩子，直到孩子"认同"了他们的观点才肯罢休。

用这样的话术跟孩子沟通并不合适，会让孩子觉得家长并不明白自己到底需要什么，只是把自己当作一个傀儡，进而使孩子产生叛逆思想："我为什么要顺着他们规划好的路线走下去？"因为孩子虽然小，但他们的独立意识正在快速发展，他们会思考，也会生气，甚至会用一些不合适的行为来表达自己的反抗。

进入小学之后，孩子会遇到一些社交问题。比如被同学起外号，跟好朋友吵架，跟老师对着干，等等。这些问题都需要家长耐心地引导，而不是用"你真让我失望""肯定是你不对""你真没用"等简单粗暴的话术敷衍孩子。孩子感受不到家长的重视，反而因为自己流露情绪而遭到责骂、嘲笑，这些让孩子失望和难受的话语都会影响亲子关系。

　　有人说："世上没有教不好的孩子，只有不懂沟通的父母。"的确如此。父母懂沟通，不仅可以减少亲子之间的矛盾，还可以有效地增进亲子之间的感情，这样才可以深入孩子的内心世界，对孩子的成长做出正确的引导。因此，学会正确地应对孩子的情绪，与孩子有效沟通才是家庭教育的有效途径。

　　那么，该如何掌握3～12岁孩子的情绪特点，预防、疏导儿童的不良情绪呢？本书能为家长提供一些有效沟通的话术。

　　具体来说，本书囊括了众多孩子情绪爆发的场景，从如何识别孩子的情绪开始，到如何应对孩子的愤怒、任性、恐惧、悲伤、焦虑、叛逆等，每一个场景都取材于现实生活，话术简单明了，实操性强，能带给家长更多的共鸣。

　　此外，本书针对每一种场景，都提供了一些符合孩子心理特点的话术建议，同时也列举了一些不恰当的话术，希望家长能从中反省自己在亲子沟通中出现的问题，从而正确地识别并疏导孩子的情绪，提高亲子沟通效率，与孩子建立更和谐的亲子关系。

目 录

I

第五章　安抚悲伤的小小心灵

第六章　陪孩子走出焦虑的阴影

第一章

孩子发脾气，
并非瞎胡闹

心理学家通过大量观察发现，家长对于孩子力量的掌握、知识的学习一般都很有耐心。比如，孩子学走路时，家长可以在一次次的跌倒中教孩子反复练习。但对于孩子无法克制的情绪，家长却没有那么多耐心。事实上，情绪并没有对错，负面情绪会提醒孩子在什么事情上需要改变，因此，家长要做的就是学会理解孩子情绪产生的原因，在这个基础上给予孩子支持和引导。

透过情绪，
听懂孩子究竟想要什么

多多所在的班级本来打算去野餐，可是因下雨，出发前活动被临时取消了。多多为这次的野餐活动做足了准备，却因为下雨没去成，所以他一整天都很不开心。当爸爸像平常一样提醒多多写作业的时候，多多的心情非常不好，有点儿闹情绪，并且反应有点儿过激。

当孩子闹情绪的时候，很多家长的第一反应是让孩子"别闹了""别哭了"，但往往这些生硬又充满责备意味的话语反而会让孩子闹得更厉害。看着孩子撒泼打滚，家长心中的怒火更容易被点燃，顺口就会说出孩子"不听话""一点儿也不乖"之类的话语。

孩子的年龄越小，情绪表达方式就越直接。家长需要了解孩子产生情绪的原因，不要简单地认为孩子还小，就是喜欢闹脾气。如果只是一味地去消除孩子的情绪，而不了解诱发孩子情绪的原因，就会让孩子感觉自己被忽视，不被理解，甚至会变得自卑，这就容易养出痛恨家长的孩子。

情绪疏导话术

孩子的情绪与成年人不同。一些在家长看来微不足道的事，到了孩子那里，就变成了天大的事。当孩子哭闹、发脾气时，父母要读懂孩子心里隐藏的需求，让他们体会到家长的重视和理解，从而在心理上为孩子提供足够的安全感，这样有助于让他们更好地表达内心的需求和情绪。比如：

"下雨让你的计划泡汤了，这很让人失望。"（与孩子共情，一起接受不愉快的事情）

"可是我们无法阻止天气变化。"（与孩子陈述客观事实）

"但是下次组织野餐时，你就不用再重新做准备了。"（引导孩子从另一个角度看问题，消除负面情绪）

家教艺术

家长该如何与处在强烈情绪中的孩子对话？其核心是针对孩子的感受做出反应，要捕捉他们藏在情绪里的失望、压力、担忧等，并表达对他们的理解，避免错误的沟通。比如：

"爸爸有时候跟你一样，也不想做某件事。"（与孩子共情，正视孩子的情绪）

在心理学上，有一个名词叫作"唤起"，在亲子相处过程中，表现为孩子的动作、眼神、表情等都会引起家长的反应，这意味着当感受到孩子的不良情绪时，家长就会变得烦躁。在这种状态下，家长要克制自己的不理智行为，坦然接受孩子的不良情绪，允许他们表达自己的伤心、失望等，这样才能引导孩子更好地应对自己的情绪。

不被夸奖，
孩子的内心很受伤

你看看你，每天学习到晚上11点，成绩还是上不去。

你要好好复习，这次一定要多考几分。

压力山大！！！

努力学习中

多多是一个非常有上进心的孩子，他想取得好成绩，以便获得家长和老师的夸奖。爸爸看着多多努力学习的样子，心里也很高兴，但是他每次想夸奖多多的时候，又担心自己表达得太直接而使多多骄傲。带着这种复杂的心情，爸爸对多多说出来的话总是带着否定和打压的意味。

家长在教育孩子时，较常见的心理是，自己都是为孩子好，无论说多难听、多狠的话，都没有关系。甚至有很多家长认为自己只是"刀子嘴""说话直接"而已。不可否认，很多"刀子嘴"的家长，在物质方面对孩子都有满满的爱，但是他们往往忽略了孩子的内在感受。

每个人都渴望被欣赏，孩子更是如此。当家长总是用言语打压孩子时，孩子就会忍不住怀疑自己是否真的一无是处。经常处于这种状态下的孩子，其成长会被父母的否定、打压严重限制，无法正确地认识自我，难以建立自信。更糟糕的是，一些孩子经受不住这种否定、打压的刺激，会变得一蹶不振，而另一些孩子则会选择逃避，甚至通过暴力反抗等方式对抗家长，进而内心变得扭曲起来。

情绪疏导话术

正所谓"良言一句三冬暖，恶语伤人六月寒"。所以，家长要用正向、温暖的话语来关心孩子。比如，爸爸要想表达对多多的关心，可以这样说：

"爸爸看到你每天不用督促，就能自觉地去看书学习，真的很欣慰。"（对孩子的自觉行为给予夸奖）

"自觉学习是个好习惯。要继续保持呀，爸爸为你'点赞'啊！"（鼓励孩子养成自律的习惯）

"你知道吗？很多人能取得成功，并不是因为他们多么聪明或多有才华，而是他们能自觉学习。"（让孩子将自觉学习变成自己感兴趣的事）

家教艺术

家长是孩子最好的老师。家长的言行举止是孩子的一面镜子，孩子会参照家长的样子成长。如果家长总是用"刀子嘴"跟孩子沟通，那么孩子很有可能"继承"这一点，甚至形成这样的语言风格。这样的语言风格会严重影响孩子的社交，甚至影响以后的学习和工作等。

在开口表达之前，家长应该首先想清楚：自己这样说的目的是什么？是想要发泄自己的情绪，还是让孩子感受到家长的关爱？若家长能够在说话前想清楚这些问题，就会停止用"刀子嘴"和孩子沟通。只有这样，孩子才会愿意与家长分享他们的情感和经历，从而促进亲子关系的发展。

到底该不该严厉管教孩子

你该睡觉了。

马上9点了，你快去刷牙吧！

我还想再玩会儿平板电脑。

哼，我偏不！

妈妈坚信"慈母多败儿""没有规矩，不成方圆"的教育理念，平日对多多的管教非常严厉，如穿什么衣服、跟谁玩等都定了规矩。多多做到了，妈妈就奖励他，做不到时就惩罚他。多多觉得妈妈没有"人情味"，他不喜欢妈妈这样对待自己，因此总是有意无意地对妈妈说"不"。

孩子进入小学后，眼界更广了，在校园内学到了丰富的知识，孩子的内心世界也越来越丰富多彩，也就是大人常说的"孩子长大了"。这个年龄段的孩子对身边的很多事物都有了一定的见解，不愿意再遵从家长的安排，会用"哼""我偏不"等来还击家长，并表达自己的不满。

情绪疏导话术

从孩子 3 岁开始，家长应当给孩子适当的支配权，试着让他们自己做决定，比如：

"你想什么时候去刷牙呢？"（把决定权还给孩子）

"不刷牙的话，牙齿就会生病，你想去看牙医吗？"（利用孩子害怕医生的心理）

"快去吧，给你的牙齿洗个澡，它们会很开心！"（让刷牙变得有趣一点儿）

适当地让孩子自己决定一些小事，对成年人而言无关痛痒，但孩子会觉得自己是被认同、被尊重的。

　　家长对孩子日常点点滴滴的管教，目的是陪伴孩子，帮他成长，而不在于管教本身。因此，家长应当根据不同的情况灵活变通，试着与孩子一起寻找解决问题的办法，不妨这样对孩子说：

　　"如果你在 3 分钟之内去刷牙，我就奖励你 1 朵小红花。"（用奖励作为动力）

　　也可以尝试找出孩子行为背后的原因，比如：

　　"你不想刷牙，是因为牙刷让你的牙齿有点儿不舒服吗？"（就事论事，排除客观事实）

　　孩子总有一天会长大，变得自立、自强是每个孩子人生道路中的必修课。面对原则性问题，家长可以表现得严厉一些，但在一些小事上，可以适当改变沟通方式，引导孩子自觉地担负起他的那一份责任。家长还可以通过日常生活中的琐事，让孩子感受到家长的不容易，从而塑造孩子的使命感。

学会回应孩子的感受

野餐中……

我没空跟你玩，你自己去玩会儿。

你们猜猜盒子里装着什么？

爸爸真扫兴！

爸爸平常工作非常忙，一有时间就想抓紧休息，所以当多多想跟爸爸和爸爸的朋友分享抓小昆虫的快乐时，爸爸却让他"自己去玩会儿"。他的无心之举让多多以为自己做错了什么，并因此而伤心起来。

孩子虽然年龄小，但他们的喜怒哀乐是心理健康的重要表征，是他们真实的成长体验，因此家长应该认真对待。因为家长对孩子情绪的回应意味着关注和尊重孩子，积极的回应能让孩子感受到被爱和被看见，开始肯定自己的存在和价值，进而产生自尊、自信、自爱。

然而，大多数家长并不会正确地回应孩子的感受。心理学中，精神分析流派中有句话叫作："无回应之地即是绝境。"如果不懂得及时、正确地回应孩子，或是常常忽视孩子的感受，那么孩子的内心就会不断积累委屈和不满的情绪，容易产生逆反心理。到了青春期，孩子的逆反心理很有可能集中爆发出来，引发严重的亲子冲突。

情绪疏导话术

回应孩子的情绪，就是要回应孩子的感受。比如，当孩子激动地谈论自己的发现时，家长就要顺着他们的视角，去好好观察和欣赏孩子在意的那些事物，与孩子产生共情：

"你能给点儿提示吗？我有点儿猜不着。"（通过互动表达回应）

"这么可爱的小虫子，一定很难抓吧！"（增加孩子的成就感）

尽量不要用一些负面的话语来回应孩子。很多事原本很让人高兴，可家长的回应却很让孩子扫兴：

"抓昆虫有什么用？你把这股劲头儿用到学习上多好。"（打压和反驳孩子）

也不要用不相干的话语来回应：

"小虫子脏死了，有什么好看的？全都是细菌！"（关注点与孩子的情绪无关）

存在主义学家莱因把家长的这种和孩子关注内容完全不相干的回应称为"无关反应"，这种反应会让孩子体会不到自己的存在感。

家教艺术

孩子向家长分享自己的情感，这是一件好事，说明他们足够信任家长，也是在呼唤家长的爱和帮助。但家长如果对此表现得心不在焉，甚至训斥孩子不该打扰自己，就会使孩子感到气馁和委屈。而孩子的感受得不到倾诉，久而久之便会降低对与家长沟通的期待。家长正面的回应，是懂得与孩子共情，真正地去感受孩子当时的心情，接纳他们的情绪，与孩子"同频共振"。

"哇，原来你抓到的是一只小蜘蛛，它真的很好看呢！"（让孩子感觉到家长是与自己感同身受的）

当孩子感到被理解和被肯定时，就会在良好的互动体验中与家长建立亲密的情感联结和安全型依恋模式，增进亲子关系。

沟通，不只是说话

多多是一个外向的孩子，每天都有说不完的话、分享不完的快乐。有时候，多多感觉妈妈一点儿也不重视自己，用大人的话说就是有点儿"敷衍"，多多不喜欢妈妈这样对待自己。妈妈没有意识到这一点，还总是觉得多多这孩子很爱发脾气。

沟通的方式不仅包含语言表达，还包括动作和表情等。对刚出生的婴儿来说，与家长的沟通并不是通过文字或者声音来实现的，而是通过表情或者动作，并且家长也是通过孩子的哭或笑来理解孩子的需要。因此，家长在教育孩子的时候，不要简单地认为只要在言语方面进行交流、给予鼓励就足够了。

案例中的妈妈虽然回应了多多，但是两个人的关注点完全不同。妈妈的关注点在自己做的事情上，多多的关注点在"画的画漂亮在哪里"。妈妈看都不看地回答"漂亮"，完全起不到表扬多多的效果；相反，多多会认为自己得到的并非表扬，而是敷衍。

情绪疏导话术

家长在和孩子沟通时，除了口头表达之外，还要配合自己的表情、动作等肢体语言和合适的语气、语调。当家长夸孩子的作品漂亮时，脸上却没有微笑的表情，也没有做出欣赏的动作，就会让孩子产生怀疑。

如果妈妈这样回应孩子，一定不会让孩子失望：

妈妈（面带自豪、眼神充满信任和赞赏地回应孩子）说："你画得真漂亮，特别是小猫和小鸡。"（关注点一致）

妈妈（伸出大拇指给予孩子夸赞，并给了他一个拥抱）说："这真是一幅漂亮的画！"（动作和表情、声音协调）

家长对孩子的表扬如果是发自内心的，其声音、语言、动作等就会非常协调统一。孩子能够通过肢体语言判断出家长的言行是一致的，进而感受到被认可和被尊重。

家教艺术

肢体语言是人们受潜意识支配做出的动作，所以它很少具有欺骗性。因为肢体语言是受潜意识支配的，所以在沟通的过程中更容易被孩子的潜意识接受、存储。

仔细想一想，如果家长在和孩子沟通的时候，口头肯定的同时却面无表情，或者做出摇头、摆手等否定动作，那么就会让孩子对此产生怀疑。如果家长长期这样"心口不一"，那么孩子就会对家长以及对自己产生不信任感。

第二章

不吼不叫，
熄灭孩子的怒火

家长总是会对孩子的点滴进步感到骄傲和自豪，同时也会为他们的一些问题感到头疼。其中，让很多家长感到头疼的问题就是，孩子的脾气很不好，平时乖巧可爱的孩子，一旦脾气上来，无论家长说什么，孩子都听不进去。为什么孩子会莫名其妙地发脾气？面对发脾气时的孩子，怎样才能快速地让孩子冷静下来？

帮忙整理房间，孩子却很生气

我看到你的书桌很乱，就把它放进书桌的抽屉了。

妈妈，我的玩具去哪里了？

整整齐齐！

妈妈，您能不能不要动我的东西啊！

场景再现

馨馨总是随手将东西乱放，因而她的房间里总是乱糟糟的。妈妈提醒过很多次，但是馨馨不听，妈妈只好帮她整理房间。但馨馨对此非常生气，她不理解妈妈为什么总是动她的东西。

3～12岁是孩子自尊心和自信心发展的关键时期，他们渐渐变得独立，开始有自己的想法。对于整理房间这件事情，孩子很在意自己能否做好，如果家长急于提醒孩子，或者代替孩子去打扫房间，那么孩子接收到的信息往往就是"你不行，这点儿小事也做不好"，这些负面信息会让孩子产生消极情绪。

而且，很多孩子觉得房间乱一点儿没关系，因为东西都能找得到，所以自己收不收拾都一样。家长在帮孩子收拾房间前，也没有和孩子沟通，因而等孩子回家找不到自己想要的东西时，就大发脾气了。孩子会觉得，家人在乱动他们的东西。而家长对此感觉很委屈，自己明明是为孩子好，为什么他们不领情呢？

情绪疏导话术

当孩子生气时，家长首先应该控制住自己的情绪，不要表现得委屈，更不要指责孩子、和孩子吵架等。家长的负面情绪就像戳向孩子的尖刺，会使孩子的负面情绪变得更严重。

我们不妨这样说：

"哎呀！抱歉，抱歉，是我把你的东西弄乱了。"（该道歉时就道歉，先稳住孩子的情绪）

"我把玩具放在书桌里了。"（直接指明孩子负面情绪爆发的原因）

"你不玩的时候，最好把玩具收起来哦，因为我刚才看到小猫在抓玩具呢。"（用善意的理由给出合理建议）

家教艺术

　　随着孩子年龄的增长，他们的自理能力逐渐增强，家长应该试着放手，鼓励他们学着自己去整理房间。一开始，孩子可能很难做好，或者不愿意打扫房间，这是很正常的，毕竟生活习惯的养成需要长时间的努力。

　　尽量不要用命令式的口吻，比如：

　　"你的房间好乱呀，赶快打扫一下。"（不容孩子反驳，语气不友好）

　　要让孩子感到，打扫卫生是自己应该做的，而不是被逼的。所以，家长可以用建议式的口吻，比如：

　　"我感觉你的房间好像有点儿脏脏的，你觉得呢？"（引导孩子思考打扫房间的必要性）

　　给孩子一些时间，相信他们会根据自己的节奏去调整生活习惯。尽量不要一上来就代替、包办，但可以根据孩子的需求，给出一些建议和帮助。

考了满分，却被同学说作弊

场景再现

一直成绩平平的馨馨在上次考试时得了满分，馨馨的同桌小丽跟其他同学对此议论纷纷，说馨馨的满分是靠作弊得来的。接着，馨馨只要一看到其他同学聚在一起，就感觉他们在背后议论自己，于是心里很气愤，却不知道该如何是好，索性就不想去学校了。

情绪分析

研究发现，人类的大脑分为三个部分："本能脑""情绪脑""理智脑"。当孩子情绪爆发时，强大的"情绪脑"开始主导大脑的决策。如果这时候家长强行和孩子讲道理，就等于是白费口舌，所以家长不如先让孩子将情绪发泄出来。当孩子的情绪消散后，不需要家长多说什么，他们会慢慢调整到"理智脑"模式。这时候，家长再顺应孩子的思维模式，就能成功引导孩子分析问题。

情绪疏导话术

孩子被他人误解，通常会感到很受伤。家长首先要做的是从情感上接纳孩子，消化孩子的情绪。比如：

"被同学误解，你一定很伤心吧？看到你这么伤心，妈妈也好伤心啊！"（与孩子共情，接纳孩子的情绪）

"我知道你很委屈，因为我看到你为了这次考试付出的努力，可同学却说你作弊，你觉得自己的努力都白费了，是不是？"（直击孩子的愤怒点）

这时候不适合讲一些很有"境界"的话。比如：

"你要做个有肚量的人，别跟他们计较那么多。"（孩子的困惑没得到解答，情绪自然不会消散）

"身正不怕影子斜，我们做好自己就行……"（这会让孩子误解：做自己等于受委屈）

当孩子被他人冤枉时，家长除了坚定地站在孩子这一边，做孩子坚强的后盾之外，还要试着跟孩子一起分析问题，从不同角度去看待问题，学会理性地面对误解。

首先，换位思考，让孩子明白被误解其实很正常。

"如果小丽从来没考过满分，平日也没有用功学习，忽然得了满分，你会不会也觉得奇怪？"（站在别人的角度，换位思考）

其次，引导孩子正面地认识误解。

"这一次同学误解了你，以后你若能多考几次满分，他们自然就接受你的优秀了。"（用事实证明自己，也是一种辩解方式）

最后，鼓励孩子积极沟通，为自己找回名誉。

"谁议论你，你就找谁当面沟通，告诉对方你没有作弊，让他停止议论你。"（勇于维护自己的名誉）

家长自身也要注意，当孩子取得异于平常的成绩时，一定不要以自己主观的想法来判定，更不要在没有证据的情况下，就去指责孩子。

买东西时被人插队

收银台

妈妈，他为什么要插队？

在日常生活中，妈妈总是教育馨馨，要讲规则、懂礼貌。然而，某天她们在超市排队结账时遇到有人插队，让馨馨感觉不是所有人都会遵守规则，她不知道到底怎么做才是对的。

其实，当孩子问出"为什么别人可以不排队？""他们为什么要插队？"之类问题的时候，就是在问家长这样做是对还是错。实际上，这是孩子自己在尝试判断是非，而且他们具有判断是非的能力。科学家曾经做过一个实验，向 48 名 19 个月的小婴儿展示了不同的分玩具场景：将玩具公平地分给两只熊猫，或者不公平地都给其中一只熊猫。

实验结果呈现的是，3/4 的婴儿都会对不公平场景注视更长的时间，这意味着对年幼的孩子来说，奇怪的事情发生了。所以说，不到 2 岁的孩子已经对"对""错"有自己的判断了。

每个孩子的心中都有一座天平，在他们世界观逐渐形成的过程中，他们体验到的、感受到的，最终都会变成一个个砝码，让天平向他们更倾向的那一侧倾斜。所以，家长与其告诉孩子怎么做，不如引导他们自己做出正确的选择。

情绪疏导话术

当听到孩子问"为什么别人可以不排队？"的时候，家长不要急于否定他：

"你净不学好的！"（无故贬低孩子）

"他那样做不对，你别学他！"（孩子不明白为什么不对）

对于年幼的孩子，太过抽象的大道理是说不通的，因此，家长可以试试这样说：

　　"排队是遵守社会规则的文明表现，是值得肯定的行为。"（对正确的事情表示肯定）

　　"如果大家都不排队，将会怎么样？"（引导孩子自己思考）

　　"那你认为不排队的人做得对吗？"（当孩子做出了正确的判断时，家长记得向孩子表达信任和鼓励）

家教艺术

　　在大人看来，偶尔有人插队在自己前面，早或晚几分钟结完账区别不大；但是对于学龄前的孩子来说，他们正处在学习社会规则，并将其内化成个人道德的阶段，他们维护的是自己内心的秩序。因此，对于插队这件事，家长可以和孩子一起探讨。

　　家长不要着急给出自己的看法、判断，而要先通过提问了解孩子的想法，接着再说出自己的想法。平等交流与探讨的氛围，对于3～12岁的孩子来说是非常重要的感受被尊重、被认可的好机会。

想买游戏机被拒绝

妈妈，您能给我买一个游戏机吗？您说什么我都答应，求求您给我买吧！

不行，你应该把精力用在学习上，而不是用在游戏上！

馨馨跟妈妈谈条件，想要一个游戏机。妈妈望着馨馨渴望的眼神，很想满足她，但是她又担心玩游戏对馨馨不好。虽然馨馨平时学习成绩还不错，可是万一游戏上瘾那就得不偿失了，所以妈妈狠心地拒绝了馨馨的请求，没想到馨馨反应非常激烈。

孩子提的任何条件都来自心理需求。当心理需求没有被满足的时候,孩子就会向家长提出更多的条件,今天可能是买游戏机,明天可能是买一部新款平板电脑,等等。所以,家长在孩子提出买游戏机时,最好搞清楚他为什么有这个需求。

情绪疏导话术

孩子只知道某些物品当下好玩,但他无法预知它们对自己的伤害。家长应该通过良好的沟通来引导孩子提升自制力以抵御诱惑,而不要生硬地拒绝孩子之后就结束了,可以试试这些话术:

"你为什么忽然想要游戏机呢?"(沟通了解孩子的真实需求)

如果是孩子想用游戏机获得其他同学的认可,融入他们的圈子,那么家长就可以了解孩子的真实需求不是买游戏机,而是社交。

"想象一下,你每天的时间就像一个沙漏,里面的沙子是有限的。当你花太多时间玩游戏时,沙子就会快速流走,这意味着你用来学习、运动、和朋友们玩耍的时间就变少了。是不是这样呢?"(通过比喻让孩子理解游戏的危害)

如果了解到孩子是想通过游戏机来融入班级小团体，那么家长坚定地拒绝孩子后，也不要跟孩子提条件。比如：

"如果你这次考试成绩有进步，就可以给你买一个。"（容易使孩子形成等价交换思维）

因为孩子买游戏机的出发点是为了维护与同学的关系，而维护关系有多种方式，不一定非要靠物质做媒介，所以家长就要引导孩子用合理的方式融入同学圈子。比如，可以问问孩子：

"你到底想要得到同学们什么样的认可呢？"（引导孩子以结果为导向，清晰地思考）

家长在拒绝孩子不合理的要求时，重要的是试着理解孩子的真实感受，了解孩子的真实需求，引导孩子学会认识自己、了解自己的需求。这样，当孩子再次遇到类似的情况时，就会用这套方法进行梳理，从中找到解决问题的最佳途径，并且孩子的逻辑思考能力也会越来越强大。

叫孩子起床真困难

这都几点了，你怎么还没有起床？

你再不起床，上学就要迟到了！

"起床困难户"！！！

妈妈，您能不能别烦我了？

场景再现

馨馨是个"起床困难户"，经常赖床，为此妈妈十分头疼。头天晚上叮嘱馨馨好几遍要早起，待第二天早上妈妈准备好早餐后，却发现馨馨还没有起床。妈妈一激动就加重语气，导致馨馨大声抗议。

很多家长每天最苦恼的事情莫过于叫孩子起床。如果孩子不按时起床，那么上学就会来不及，并且家长也会跟着上班迟到，这令家长叫苦不迭。但家长要换位思考一下，成人也常常想赖床，何况是年幼的孩子呢？

孩子也是如此，非常享受赖床的过程，加上年纪小，缺少自制力，就会经常出现叫不起的现象。这时候，家长一定要克制自己的怒火，调整心态，不要对孩子说一些催促、埋怨的话语，因为发泄情绪不仅不能解决孩子起床困难的问题，还会破坏自己与孩子一大早的愉快心情。

情绪疏导话术

在起床过程中，孩子的内心会有不稳定的情绪，因此，家长不要一味地催促孩子起床，而要安抚孩子的内心，了解孩子的想法。可以试试以下话术：

"你该起床啦，妈妈给你准备了你最爱吃的三明治，快来吃掉它们吧。"（用美食增加起床动力）

"你再不起床，太阳公公要晒屁股啦。"（幽默的语言可增加家长的亲和力）

"起床吧，咱俩比比看，谁是穿衣服最快的那个。"（增加起床的趣味性）

家长用一些幽默有趣的语言叫孩子起床，既不会增加孩子的紧张感和焦虑心理，又不会三言两句就与孩子吵起来。坚持一段时间，等孩子养成习惯后，家长就会发现，每天早上孩子起床的心情都会变得很美妙，而且起床速度也会一天比一天快。

家教艺术

12岁之前，是孩子习惯养成的重要时期。如果让孩子养成散漫、迟到的坏习惯，那么孩子就会变得越来越没有时间观念，无论做什么事，都会拖拉、懒散。

然而，睡眠不足、睡眠质量差和午睡太久，也会影响孩子的睡眠质量，从而使孩子出现赖床的行为。因此，家长要保证孩子有充足的睡眠时间和良好的睡眠质量。另外，家长要想成为孩子的榜样，就要以身作则，在陪孩子入睡的时候不要玩手机或者做其他事情，否则容易使孩子感到不公平，对睡觉这件事情就不愿意去接受，反复出现叫不起的现象。

没有兑现诺言，孩子不开心

您说了要带我去坐过山车的，为什么又不去？

妈妈工作太忙，实在抽不出时间呀！下周带你去不也是一样的吗？

可是您答应的事情就应该做到。

场景再现

妈妈答应馨馨，只要她期末能考到班级前三名，就带她去游乐园坐过山车。妈妈认为馨馨不可能考进班级前三，这样说只是为了激励她而已。可谁知馨馨真的考了班级第三名，妈妈却不想履行之前的诺言，这让馨馨非常气愤。

相信很多人小时候都有过这样的经历，家长总是许诺自己，当自己考到班上的前×名时便予以奖励。但是当自己真正做到这件事之后，家长兑现承诺的次数却寥寥无几。并且大部分的家长都会用同一个借口来逃避自己的承诺："学习是为了你自己好，你怎么能要求奖励呢？"

其实，这里最大的问题并不是家长的承诺到最后没有得以兑现，而是家长出于各种考量就轻易地对孩子许下诺言，最后却用道德绑架的方式来逃避诺言。当家长这样对待孩子的时候，就会令孩子感到迷惑，不知道该怎样面对家长以及这个世界。

情绪疏导话术

当家长与孩子之间出现矛盾，沟通无效或者低效都容易使亲子关系疏远。那么，家长该怎么做呢？

"对不起，是妈妈不对。"（诚恳道歉，熄灭孩子的怒火）

"妈妈保证下次说到做到。"（履行承诺，以身作则）

"真的很对不起，妈妈这次没有说到做到，我愿意做出一些事情来弥补这次的'爽约'。"（弥补的措施可以是延长陪伴孩子的时间、增加亲子活动等）

通常，家长和孩子商量并确定的每一件事，到了约定时间就要兑现。

如果家长每次都能遵守约定，那么孩子会学到"约定是一种不可打破和不可违反的承诺"。反之，如果家长经常打破约定，孩子学习到的内容就是"约定一定是可以违反的"，并且违反以后不用承担相应的不良后果。

家长不要随意对孩子这样说：

"你表现得好一点儿，周末我就带你去游乐园。"（孩子会认为自己不够好，所以爸爸妈妈才不带他出去玩）

"周末我要加班，下周带你去吧。"（破坏孩子对家长的信任）

有时候家长以为孩子还小，也许过几天就忘记这事了。事实并非如此。家长的每一次"爽约"都是在磨灭孩子对家长的信任。所以，当孩子说"妈妈你说话不算数"时，家长就要注意了！无论如何，要想孩子成为诚实守信的人，家长自身要先做到言而有信。

家长爱生气，孩子跟着学

> 我吃完饭再捡，地板脏一会儿又能怎么样？

> 你赶紧把掉的食物捡起来。不要把地板弄脏！

场景再现

妈妈遇到事情时很容易情绪激动，不知不觉就会提高嗓门对馨馨大喊大叫，这让馨馨在无意中养成了和妈妈一样的急脾气。每次妈妈教育馨馨的时候，母女俩都会大喊大叫，闹得非常不愉快。

有研究表明，家长如果长期情绪暴躁地对孩子进行责备，就会在情感上强行中断和孩子的联结。这样，孩子会出现不同程度的情感障碍，变得不自信，甚至自卑、自闭。更严重的是，孩子会从家长的处事态度中捕捉信息，家长爱发脾气，孩子必然效仿；家长有暴力倾向，孩子也会用拳头解决问题。

情绪疏导话术

孩子调皮的时候，家长不可避免地会想发脾气。发脾气不好，但是一味地压抑、忍耐也是不可取的，家长要学会合理地发脾气，让自己的情绪可以顺畅地表达，才能让自己和孩子都从中受益。那么，家长该怎么合理地发脾气呢？可以试试以下话术：

"食物撒到地上如果不清理，就会弄得到处都很脏，小虫子就会来这里安家了。"（委婉地告诉孩子弄脏环境的后果）

"你不该把食物弄到地上。"（直接指出孩子的错误行为）

"你需要把这里清理干净。"（对孩子发出正向指令）

家长不要用这些话术：

"你再这样，我就不爱你了。"（威胁孩子顺从自己）

"你怎么这么笨，这么点儿小事都做不好？"（无故打击

孩子）

纠正孩子的坏习惯时，家长可以适当提高音量，切换到严肃表情，但请谨记一点：生气不是目的，解决问题才是。

家教艺术

在家庭中，家长往往是权威人物，给予孩子指导和帮助。但是，如果家长总是以生气的态度对待孩子的行为和言语，那么孩子就会认为自己无法掌握表达和控制自我的权利。当孩子感受到家长对自己的掌控和压制时，就会变得叛逆、自卑，不愿意与家长分享自己的意见和感受。

有时候，并不是孩子不想听，而是孩子在成长中仍处于"单线"思维模式，不能像大人一样发散性思考。此时家长说得过多，只会让孩子模糊重点。发脾气时，家长记住以下四点。

（1）发脾气时，客观描述事实。

（2）发脾气时，不转移矛盾的焦点。

（3）共情孩子的成长，换位思考问题。

（4）发脾气时，不要"翻旧账"。

这样，可以让孩子从心理上更愿意接受家长的指导，也避免出现家长说了一大堆，孩子一句没听进去的无效沟通。

第三章

降服任性的
"熊孩子"

在成长的过程中，孩子总会提一些过分的要求，不被满足时，他就不分场合地哭闹不止。这时候，很多家长会怀疑自己的教育方式出了问题，才使孩子变成任性的"熊孩子"。其实，孩子不一定是被惯坏了，而是他们正处于认清现实的那个阶段。当孩子还是婴儿的时候，家长往往会满足他们的一切要求。随着年龄慢慢增长，他们需要遵守规矩，这就使得他们"怀疑人生"：同样一件事，为什么自己以前可以做，现在却不行？这时候，家长应该引导孩子认识一些这个世界的运行规则。

孩子总是挑食、厌食

你不能挑食，肉要吃，蔬菜也要吃。

妈妈别给我夹蔬菜！

不爱吃的

尧尧有点儿挑食，不喜欢吃蔬菜，这令家长很苦恼。他们希望孩子好好吃饭，这样才能长身体。可尧尧宁可饿着，也不吃他不感兴趣的蔬菜。

很多家长反馈，让孩子吃饭就像打仗。面对孩子的挑食、厌食，家长自然很着急，但不管用什么方式，孩子就是不肯吃。其实，3~12岁的孩子出现挑食，是自我意识出现并成熟的一种表现。挑食成了孩子做自己的独立宣言——"吃什么，我说了算"。

家长不必过度关注孩子的生长发育情况，更不要认为某种食物是有营养价值的，就强迫孩子吃，这样会让孩子把吃饭和不愉快的感觉关联起来。严重的话，孩子会逃避吃饭，甚至患上厌食症。

情绪分析

情绪疏导话术

家长与其因孩子挑食、不吃饭而生气，不如先冷静下来分析其中的原因，再想应对之策。试着用一些方法帮孩子调整对食物的心态，让孩子开始尝试更多种类的食物。

"你想吃哪些蔬菜？是豆角、土豆，还是大白菜？"（让孩子自己决定吃什么）

"哇！胡萝卜吃起来软软的，还有一些淡淡的甜味，真好吃！"（用夸张的表情及语调描述食物的味道，引起孩子的兴趣）

"苦瓜虽然苦，但是它能让你的身体更健康。"（给孩子解释不同食物的作用）

要避免说一些不合适的话语：

"挑食的孩子不是好孩子。"（将食物与人的品德相关联）

"不好吃，你也得吃。"（命令的口气会影响进餐时的气氛）

家教艺术

有一个词叫"饥不择食"，说的是一个人饿的时候就顾不得选择，孩子也一样，需要偶尔"饿一饿"。但这不是说家长不让孩子吃饱，而是从以下两个方面来做。

（1）控制零食的摄入量。这一点尤其需要全家人的配合。家里不要零食随处可见、随时可吃，同时，至少确保孩子在饭前1小时内不吃零食、水果等。

（2）增加运动量。运动量上去以后，身体的能量消耗会增加，身体会发出需要补充能量的"饥饿信号"，这可以提升孩子对食物的接受度。

如果孩子的发育情况在正常范围以内，家长就不要再让餐桌变为战场。只有进餐时的心情好了，孩子才会愿意尝试更多食物。

在公共场所大喊大叫

你不要到处乱跑，快回来！

那您来抓我呀！

妈妈和周阿姨带着尧尧一起到餐馆就餐。见大人忙着聊天，尧尧觉得有点儿无聊，于是就离开座位，在餐馆的过道里跑着玩，还大喊大叫。妈妈为尧尧的不文明行为感到生气，大声训斥尧尧一顿。尧尧气坏了。

当孩子不分场合地乱跑乱叫时，家长的第一反应通常是感到羞耻，好像周围所有人都会指着自己的鼻子说："孩子这么任性，家长是怎么教育的?!"然后，家长会不自觉地对孩子这么说：

"闭嘴！别给我丢人！"（简单粗暴地否定孩子，并不能让孩子知道自己为什么做错了）

"你小点儿声！你不要脸，我还要脸呢！"（言语侮辱会严重伤害亲子感情）

"不要叫，你看看周围谁像你这么闹?!"（不正视孩子的需求，盲目地强调与别人对比）

有些孩子会因家长的愤怒而停止吵闹，但家长最好不要这么做。因为3岁以上的孩子就有一定沟通能力了，所以家长更应该关注为什么孩子明知道在公众场合大喊大叫不好，还要大喊大叫。

这其实主要有以下四方面的原因。

（1）孩子忘了要保持安静。

（2）孩子需要家长的关注。

（3）孩子带着不良情绪。

（4）孩子在要挟家长。

情绪疏导话术

只要搞清楚孩子吵闹的原因，就能找到对应的破解方法。

"嘘，餐厅是公共场所，你要保持安静哦。"（父母声音小了，孩子自然也会学着小声说话）

"妈妈教你玩一个游戏，但是你先试着自己玩一玩，不会再问我，好吗？"（既给了孩子一定的关注，又消除了孩子的无聊）

"刚才你的冰激凌掉地上了，你是因为这个不开心吗？"（理解孩子的情绪痛点）

"如果你不学会安静，那么我们现在只能回家。你是想回家还是想继续在这里玩？"（改变游戏规则，该严厉的时候就要严厉）

家教艺术

孩子还处在发展认知和情感技能的阶段，心理活动和情绪波动都会即刻表现在行为和语言上。家长应当认识到，孩子在哭闹时，更多的是表达一种需求和不安，因此家长要给予孩子足够的包容和耐心。当孩子表现得很好时，一定要好好地夸奖他：

"你今天表现得真棒！真为你感到开心。"（让孩子知道你看

到了他的变化）

或者在出门前就约定好，告诉孩子当天要去哪里，需要他怎么做：

"进入餐厅不得喧哗、吵闹。你需要保持安静，能做到吗？"
（提前给孩子定好规矩）

当孩子在公共场合吵闹时，家长训斥孩子，甚至当场打骂孩子，都不是明智的做法。这样做既不会让孩子停止闹腾，也不会让自己成为有办法的好家长。因此，家长还不如冷静下来，思考一下平复孩子情绪的步骤，找到让孩子安静的方法。

孩子喜欢恶作剧

你是不是干了坏事？

爸爸，您上当了，我在水里加了盐！

难喝！！！

哈！哈！哈！

尧尧最近总是喜欢恶作剧，并且还乐在其中。爸爸很无奈，认真地跟尧尧谈了几次。可尧尧觉得爸爸的反应很好玩，依然我行我素，好几次都气得爸爸大发雷霆。

孩子在 5 ~ 12 岁时，会经历一个"混沌期"。处在这个时期的孩子比较机敏，表现欲强，有时甚至希望通过恶作剧的方式赢得他人的认可和赏识，或者表达他们的幽默感。

尽管如此，家长不能放任孩子对他人的无边界行为。因为孩子无法预料自己的恶作剧行为会对他人造成什么样的伤害，所以家长要引导孩子改正爱搞恶作剧的毛病。

情绪疏导话术

面对孩子的恶作剧，家长可以用这些话术引导：

"爸爸现在感觉很难受，肚子很痛，可能要去看医生。"（表明后果很严重，教育孩子不要开会伤害他人的玩笑）

"你知道醋为什么是酸的，又会与我们的身体发生哪些反应吗？"（借机引导孩子把重点放到科学知识上）

"你口渴的时候，喝到一杯有怪味的水，会不会不开心？"（引导孩子换位思考）

家长偶尔也可以皮一下，"以其人之道还治其人之身"。当孩子因此哭闹、生气的时候，可以顺势引导孩子：

"你捉弄他人的时候，有没有想过他人也和你一样生气、

难过？"（引导孩子理解他人的感受）

让孩子通过亲身体验了解他人的感受，更好地帮助孩子学会换位思考，建立同理心。

家教艺术

在成长的过程中，孩子积极地探索这个世界，与此同时他们会表现得很幼稚、不成熟、淘气，喜欢恶作剧等。家长要善于和孩子交流，让孩子明白恶作剧会引起他人的痛苦，并且也要给孩子普及一些法律知识，让孩子对自己的行为有更准确的认知。同时，家长也要耐心倾听孩子的心里话，了解他们的真实想法，再根据实际情况正确地引导他们思考。

在客人面前很没有礼貌

在客人面前，你要礼貌一点儿。

这些零食、水果都是我的，你们都不能动。

每当家里来客人，妈妈总是忙着跟客人说话，让尧尧到一边玩。这令尧尧很不快，所以他就在客厅捣乱，以引起妈妈的注意。而妈妈碍于面子，又不好当众严厉地指责尧尧没礼貌，为此妈妈很苦恼。

其实，只要留心观察就会发现，每当家里来客人时，孩子总是格外地兴奋，比平常活泼得多。这种表现是"以自我为中心"的自然流露，是大部分孩子的特点。对于家里来客人一事，孩子的理解是，大人的客人也是自己的客人。可是，家长的做法是将孩子打发到一边去玩。感受到自己被忽视、被排斥之后，孩子就会凭自己的小聪明想一些让家长留意到自己的"计谋"。

通常，当孩子在客人面前表现得没礼貌时，家长会觉得没面子，接着便会让孩子给客人道歉。一旦孩子拒绝接受，家长为了挽回面子，有时候会强迫孩子当场认错。这样一来，气氛就会变得非常糟糕，客人也会很尴尬。

情绪疏导话术

不是每个孩子天生就能拥有跟其他人友好聊天的能力。当孩子在客人面前表现得不礼貌时，家长不要当众斥责孩子，否则会让孩子从内心抗拒这种场合，以后家里再来客人孩子可能会选择逃避。因此，家长不妨试试这样的话术：

"你可以给阿姨拿双拖鞋吗？顺便再端一杯茶。"（请孩子参与招待客人，肯定孩子的存在）

"妈妈知道你很想跟阿姨聊天，但是你可以换个更友好的方法吸引阿姨吗？"（引导孩子思考，给他选择的机会）

"妈妈有重要的事情跟阿姨说，你可以稍等一下吗？"（尊重孩子，因为孩子是独立的个体）

家教艺术

家长可以在客人来之前，跟孩子做一些约定，对孩子提一些关于礼貌待客的要求，比如：

"见到客人之后要说'你好'和'欢迎来我家'。"（教孩子正确问候他人）

"水果、零食要让客人先挑。"（学习礼貌待人）

家长平常也可以多带孩子到别人家里做客，多教孩子一些接待客人的方法，如称呼他人、打招呼等。这样，孩子积攒了很多接触外人、招待客人的经验，便能逐渐养成礼貌待客的好习惯。

家长需要牢记一点，不要以大人的眼光看待孩子。虽然孩子已经可以和家长交流，已经能跑能跳，但是他们的心理远没有发育成熟，有很多需要学习的知识。要学会站在孩子的角度看问题，这样即使孩子犯了错，家长也能心平气和地处理。

看到他人的东西就拿

你快还给小朋友，这不是你的！

尴尬！

我想要这辆汽车！

那是我的玩具。

爸爸带尧尧走在买菜回家的路上，路过小区的广场时，尧尧看到有个小弟弟手里拿着一辆小汽车。他很喜欢，便一把抢了来。爸爸赶紧斥责尧尧，可是尧尧根本不听，而且丝毫不觉得这样有什么不对。他还强词夺理道："只要是自己喜欢的，就是可以得到的。"

孩子在 3 岁之前会经历"物权意识敏感期",其典型表现是把自己的东西盯得很紧,只要他不愿意,别人就不能碰,更别说分享给其他小朋友了。3 岁之后,孩子的物权意识慢慢清晰,开始明白"这是我的,不是你的"。但是在 12 岁之前,孩子的占有欲仍然非常强烈,遇到自己喜欢的物品,还会本能地据为己有,这是孩子的天性。

同时,孩子的大脑还未发育成熟,不能完全克制自己的想法和行动。一看到喜欢的东西,孩子就非常想要,这属于延时满足能力不够;因此,家长要意识到这一点。这就是说,孩子看到喜欢的东西就拿,并不是他们故意"偷东西"或"抢东西"。家长要了解孩子的心理特点,才能更好地帮助孩子成长。

情绪疏导话术

如果孩子私自拿了他人的东西,家长可以这样告诉孩子:

"虽然你很喜欢这个玩具,但我们还是要将它还给他人。你也不喜欢别人随便拿走你的玩具吧?"(明确告诉孩子该怎么做)

"爸爸跟你一起把东西还回去,你想要的话我们一起来想办法……"(教给孩子获取玩具的正确方法)

"你拿走别人的东西,别人也会伤心的。我们可以陪你去

商场或者上网购买一个新的，不要别人的东西，好吗？"（淡化孩子的行为，多表达对孩子的关爱）

家长可以在适当的机会下，给孩子科普《中华人民共和国民法典》，帮助其树立正确的物权意识，让孩子明白每个人都有保护自己物品的权利，自己的东西不允许他人随意拿，他人的东西自己必须征得同意才可以拿，让孩子明白"拿""借""偷"三者之间的差异与会引发的不同后果。

家教艺术

当发现孩子拿了他人的东西后，很多家长的第一反应就是指责孩子：

"你这样叫偷东西！要被警察抓走送去监狱的。"（盲目恐吓孩子）

这样不顾孩子的感受，粗暴地恐吓、威胁孩子，是错误的做法。因为即使孩子这次改正了，他们也会认为"只要不被发现就是安全的"，并且以后还容易再犯。

当家长对孩子说"别人的东西不能拿"时，孩子就会以为自己不能得到某件东西，而不去关注其中的逻辑重点是"别人的"。所以家长要告诉孩子"什么情况之下，你有机会可以得到"，这样孩子就不会误解家长给出的限制。

说话很伤人，
不照顾他人的感受

啊！功课好难、好多！谁都别来烦我！

　　尧尧被一大堆作业搞得心情很不好。妈妈见状温柔地安抚尧尧，没想到尧尧不仅不领情，还生气地说妈妈不理解他，甚至还警告妈妈："谁都别来烦我，否则我就不客气了。"妈妈觉得孩子说话太伤人了，站在孩子房间门口，委屈得直叹气。

056

对孩子来说，他们的作业太多、学业太难的时候，会通过抱怨来释放情绪。他们这样做，不一定是要家长帮他们解决问题，而只是为了发泄情绪。

如果家长觉得孩子说的话比较伤人，可能是因为自己平时给孩子的压力比较大，致使孩子在没法应对的时候就容易用语言暴力来发泄。所以，家长在纠正他们的行为前，一定要先处理孩子的情绪问题，学会倾听他们愤怒的外表下所隐藏的心思，并且懂得换位思考，了解孩子的内心，明白他们的需求，这样孩子身上锐利的"尖刺"才会慢慢消失。

情绪疏导话术

通常，家长在跟孩子聊天时，很容易出现的错误做法就是否定孩子的感受。事实上，孩子当下需要的不是否定他们心情的话，而是了解他们心情的话。因此，要多询问，少评论；多说"你"，少说"我"，这样就很容易使亲子对话顺利地继续下去。

"你觉得现在的课程对你来说有点儿难度，让你有挫败感，对吗？"（关注孩子的情绪）

"学习不是一件容易的事情，你觉得困难也是正常的。"（与孩子共情）

"我们之所以要督促你考出好成绩，是希望你将来能做一个有成就的人。"（对孩子坦白自己的初衷）

"你是不是在发愁怎么才能又快又好地做完作业？"（发现孩子的隐性需求）

家教艺术

家长无论对孩子说什么、做什么，出发点都是为了孩子好，但要多站在孩子的立场考虑一下，多顾及一下孩子的感受，要避免使用以下几种话术：

"你这孩子怎么回事？谁让你这么说话的？"（强调家长的权威，让孩子觉得不平等）

"为了让你好好上学，我们做了多少牺牲，你这孩子真不知足！"（忽视了孩子的情绪）

"你简直快把我气死了，学习都是为了你自己好！"（一味地说教）

蒙台梭利说，成人一定要抱着谦卑的态度对待儿童。这里的"谦卑"是指成人要试图去了解孩子，而不是抱着"我就知道你是这样""果然不出我所料"的态度……这样会打击孩子活动的兴趣和独立发展的积极性。

第四章

战胜让孩子恐惧的
"大灰狼"

"我家孩子害怕关灯睡觉。一到晚上睡觉的时候，就嚷嚷着要跟爸爸妈妈睡。"

"我家孩子害怕跟陌生人说话，每次遇到邻居都不打招呼。"

"我家孩子因怕挨批评而说谎，即使不重要的事情也不敢承认错误。"

为什么孩子会有这些奇奇怪怪的恐惧和担忧？明明这些东西一点儿也不可怕啊。对于孩子存在的这些问题，很多家长觉得不可思议。其实，孩子的害怕大都和心理因素有关。家长应该给予重视，疏导孩子的恐惧情绪。

对学校产生恐惧，不想去上学

场景再现

露娜很害怕严厉的班主任老师，不想去学校，因而每天上学前都找各种理由不去上学。妈妈觉得露娜不想上学是因为懒惰，于是就自顾自地催着她快收拾。

学校不仅是让孩子学习知识的地方，还是孩子社会化发展的重要场所。当这个场所让孩子感到焦虑和恐惧时，孩子就会产生抵触心理，并出现逃避上学的行为。不愿上学是孩子对学习（学校）产生抵触情绪的表现，是常见的儿童情绪、行为问题之一，是孩子消极对待学习（学校）的一种行为反应模式。

不少孩子有过不想上学的时刻，但如果孩子反复说这句话，就意味着这是孩子遇到问题的一种信号。如果家长不能有效地给予回应，就会出现孩子不愿上学、拒绝上学、逃学、休学、辍学等情况。

情绪疏导话术

孩子嘴上说不愿意去学校可能是一件小事，孩子只是发泄一下不满的情绪。但家长要注意的是，不论问题大小，这都是孩子的求助信号，可以试试通过以下这些话术向孩子了解情况：

"是老师让你害怕？还是你跟同学相处得不愉快？"（弄清楚究竟是什么让孩子害怕）

"老师批评某位同学，是因为他违反了学校的规则，针对的是他不守规则的行为，这并不影响老师喜欢你。"（消除孩子心中的恐惧）

"老师也是普通人，会有心情不好的时候，如果他没有控制好自己，那是他自己的事情，跟你没有关系呀。"（帮助孩子认知情绪）

孩子和成人的理解能力不同，他们很难理解抽象的问题，如："你今天过得怎么样？"因此，家长要想了解孩子在学校遇到什么问题，要尽量避开抽象、范围模糊的问题。可以试着从细节入手，比如问"老师表扬了谁""老师批评了谁""谁和谁产生矛盾了"等。

家教艺术

家长不要采用简单的、恐吓的方式迫使孩子去上学。比如，要避免以下几种话术，以免加重孩子的心理创伤：

"你不上学怎么行呢？不上学你能干什么？"（起不到情绪疏导的作用）

"你成绩不好，当然不想去学校了。"（贬低孩子，引起亲子间的对立）

趋利避害是人的本能，人们对不利于自己的环境、事物都具有天然的逃避倾向，孩子自然也一样。孩子对上学感到焦虑甚至恐惧时，家长应当理解孩子，走进孩子的内心世界，分析孩子这类问题产生的原因，给予孩子针对性的鼓励和支持，从而消除孩子的心理障碍。

有点孤僻，
不想和周围的人说话

场景再现

　　露娜平常比较内向，一遇到不认识的人就不说话，家长没少因这个事而批评她没礼貌。露娜不想被家长批评，她在和大人一起出门上街时，总喜欢藏在大人身后。

其实，孩子不爱和陌生人打招呼，这和勇敢、礼貌没有任何关系。不喜欢和陌生人说话是一件很正常的事情，孩子可能缺乏安全感，感觉在陌生的环境里和不熟悉的人说话是一件很难为情的事情；或者家长性格内向，平时也不善于社交，因此孩子从家长身上有样学样，也很腼腆，甚至一紧张就抱着大人的腿向后躲。

情绪疏导话术

家长应该理解、接纳孩子社交时的慢节奏，陪孩子一起参与熟悉陌生环境、陌生人的过程。可以尝试用以下话术帮助孩子克服孤僻：

"这是张阿姨，你想跟她打个招呼吗？"（不给孩子压力，不强迫孩子社交）

"你这次不想打招呼也没事，下次见面再补上，可以吗？"（给孩子多一些机会尝试）

"这就是我经常和你提起的张阿姨，今天终于见面了，你们互相做个自我介绍，好吗？"（创造轻松的社交氛围）

在孩子面对陌生环境及陌生人不敢说话的时候，家长应该站在孩子的角度进行思考，先帮孩子放松心情，再慢慢地引导孩子融入陌生的环境和交流。

让孩子战胜恐惧，改掉孤僻、不爱说话的习惯，家长可以使用以下四个小方法。

（1）为孩子创造机会。多为孩子创造些接触陌生环境、见陌生人的机会，等习惯之后，孩子适应起来就容易了。

（2）关爱孩子且提前练习。给予孩子爱和关怀，帮孩子建立内心的安全感，用角色扮演的方式也能有效地帮孩子提前适应。

（3）学会换位思考。站在孩子的角度帮助孩子放松心情，再慢慢教孩子融入新环境，切忌批评、指责孩子。

（4）以身作则。家长要先从改变自身做起，勇于面对陌生环境、陌生人，这样才能言传身教地为孩子树立榜样。

没勇气承认错误

我知道是谁偷吃了蛋糕，希望这个人能站出来认错！

不是我。

　　妈妈带着露娜参加一位朋友的生日会，露娜被蛋糕吸引得迈不动步，于是偷偷挖了一块吃，可是她因害怕被妈妈批评而不敢承认错误。最后，妈妈很生气，狠狠地教育了她。露娜也很难过，整场聚会都闷闷不乐的。

情绪分析

生活中，孩子犯错很常见，但是让他们认错却很难。即使家长明确表示不会惩罚孩子，只需要孩子表现出认错的态度即可，孩子也不太愿意认错。除了感到无奈和恼火，一些家长会逼着孩子认错，逼着孩子说"对不起"。其实，家长越是这样，孩子在心里越不服气，亲子之间的矛盾就会越严重。

因为孩子考虑问题的角度和家长是不同的，他们看待问题时往往难以产生共鸣。有数据显示，女孩在 6 岁之前，男孩在 8 岁之前，大多处于以自我为中心的感知里。也就是说，他们无法换位思考，做错了事之后不会有对不起对方的感觉。所以，他们往往不会认错。

情绪疏导话术

家长只要弄清楚孩子为什么会拒绝认错，解决起来就容易了。比如，可以用以下话术与孩子沟通：

"你刚才发生了什么？"（开放式询问，让孩子感受到自己被关心）

"如果别人偷吃了你的蛋糕，你是否也会不开心？"（教孩子体会他人的感受）

在引导孩子认识错误的时候，要让孩子意识到：并非家长故意惩罚他们，所以才让他们承认错误，而是勇敢的孩子能自己解决问题：

"我觉得你应该去向对方道歉，这样能让对方的心情好一点儿，你觉得呢？"（引导孩子勇敢面对问题）

家长试着引导孩子认识到，认错不是惩罚，而是勇敢的表现。让孩子在自我不被否认、不被威胁的情况下理解自己的错误，能够有效地减轻他们因被威胁、被责备而产生的对抗情绪。

家教艺术

即使对于成年人来说，承认自己的错误也是一件困难的事，何况是年幼的孩子呢？如果家长急于让孩子承认自己做的错事，但其实他们并没有真正认识到错误，那么被家长强迫道歉的孩子就会觉得家长是因为不喜欢自己才这样做，这会让孩子很难受。

所以，家长引导孩子认错的时候，要给他们一点儿时间，要避免这样说：

"你真是个坏孩子。"（武断地给孩子下定义或贴负面标签）

"你这么做像没吃过蛋糕一样。"（让孩子对吃蛋糕的行为感到羞耻）

此外，家长一定要避免用长篇大论的"独角戏"来训斥孩子，这很容易激起孩子的厌烦或者对抗情绪，从而让沟通走进死胡同。

怕打针，不想去医院

妈妈，我怕！

场景再现

　　到医院时，露娜因害怕打针而在医院大哭大闹，妈妈使出浑身解数都没有劝说成功。由于耽误了很长时间，后面排起了很长的队，大家都等得着急。妈妈感到很难为情，又急又气的。

孩子的认知功能尚未发育成熟，他们的痛觉阈值比成人低。特别是在医院做各种检查时，需要反复、多次扎针，无法预测疼痛的程度，会对孩子造成短期或长期的负面影响，如心率增加、血压升高、恐惧医院、产生社交障碍等。

当孩子抗拒打针时，家长通常都缺乏耐心，甚至会强行摁住孩子让护士硬来，这样便会加重孩子恐惧和抗拒的心理。尤其是有的家长会对孩子说"不打针就不要你了"，不但起不到好的效果，反而会让孩子更加恐惧和抗拒打针。

情绪疏导话术

很多家长为了让孩子乖乖地配合打针，基本上都会这么哄孩子：

"打针一点儿都不疼。"（歪曲事实）

"你都来不及反应，就完事了。"（没说到重点）

孩子虽然小，但也有自己的判断，虽然个体对疼痛的忍耐度不同，但是他们对大人口中所说的"一点儿都不疼"是不认可的。而且在家长这样的哄劝下，孩子没有做好心理准备就被扎，会产生巨大的心理落差，从而放大他们感受到的疼痛。这样一来，在下一次就医的时候，他们会非常抵触，甚至会强烈地抗拒。所以，家长应该这样跟孩子说：

"打针会有一点点疼，但忍一下很快就过去了。"（正确地帮孩子做心理准备）

"打完针，不生病了，我们就可以回家跟小朋友玩了。"（打针对身体健康有用处）

"如果你能不哭不闹地打完针，就奖励你吃最爱的蛋糕！"（以物质奖励作为动力）

家教艺术

家长平时要告诉孩子去医院和打针的目的。比如，之所以发烧是因为病毒、细菌在身体里作祟，而打针能把这些病毒、细菌消灭，可以让人恢复健康，这样孩子就可以像以前一样开开心心地玩了。

家长也可以带孩子一起玩一些扮演医生、病人的小游戏，比如，让孩子扮演医生，家长来扮演生病需要打针的人，然后按照去医院的流程带孩子在游戏里演一遍。这个过程其实也是帮助孩子正确地认识就医的过程，让他们明白生病了就要去医院，只有这样病才能好得更快。

不独立，害怕离开爸妈

妈妈，您不能离开我！

你先玩会儿，我要去安静的地方接个电话。

场景再现

露娜从小就缺少安全感，常常担心妈妈会消失不见。无论是上幼儿园还是在室外玩耍，只要妈妈想离开，露娜就会哭闹不止，拉着妈妈的手不放开。妈妈很崩溃，不知拿她怎么办才好。

自孩子出生后，家长会尽量满足孩子在精神以及物质等方面的需求，这样会让孩子形成安全感，同时也让孩子对家长产生深深的依赖。当他们接触不熟悉的环境时，需要一些获取安全感的方式来满足自己的内心需求。这也使得他们在玩耍的时候，需要家长的陪伴，以此来满足他们内心所需的安全感。

有的孩子习惯了依赖家长，几乎做什么事情都需要家长陪同完成，一时间很难独立面对未知的一切，否则会感到无助和有压力，容易形成分离焦虑症，从而更加离不开家长。

情绪疏导话术

面对孩子的分离焦虑，家长要让孩子充分地释放出他们的情绪，允许他们哭闹、伤心，然后安抚孩子的情绪，可以用这些话术与孩子沟通：

"妈妈就在操场右边角落休息，你需要我的时候，很快就能找到我。"（准确地告诉孩子自己在哪儿，使孩子更有安全感）

"你可以跟小朋友玩一会儿吗？他们在玩很好玩的游戏！"（鼓励孩子社交，体验独立的乐趣）

"宝贝真勇敢，一个人玩也不会害怕呢！"（及时夸奖，将独立玩耍和积极的情绪体验相关联）

"妈妈需要离开一会儿，保证十分钟后一定回来。"（说到做到，取得孩子的信任）

"待会儿我们可以自由玩耍，你想玩什么都行，不过你玩的时候，妈妈要工作一会儿。现在我先陪你十分钟，让我看看你是怎么玩的，我喜欢看你玩！"（让孩子感觉自己被关注）

家教艺术

独立玩耍能够提升孩子的独立性和自信心，有助于孩子耐心、注意力、创造力、自我调节能力、问题解决能力等的发展。值得注意的是，孩子专心玩的时候，大人一定要避免这样做：

"你和其他小朋友好好相处，要听话，不能打架，不能欺负别的小朋友……"（过分叮嘱孩子，会让他们感觉到不安）

"宝贝，渴不渴啊？喝点水吧？"（时刻提醒孩子对家长的依赖）

同时，不要在孩子跟其他小朋友发生争吵时，吓唬孩子：

"你再这样，我就把你送走了。"（加深孩子的不安全感）

当孩子被分离焦虑困住时，家长可以试试这些方法。

（1）给孩子足够的关爱和陪伴。在日常生活中，家长要多表达对孩子的爱，让他们明白家长不会抛弃他们。

（2）逐步培养孩子的独立性。先从一些小的事情开始，比如让孩子自己整理玩具、选择衣服等；随着孩子年龄的增长，逐渐让他们承担更多的责任，比如帮忙做家务、自己准备简单的饭菜等。

（3）教给孩子一些缓解焦虑的方法，如深呼吸、冥想、数数等。

害怕关灯睡觉

妈妈，您别关灯，我房间里有怪兽！

　　露娜觉得自己的小房间太黑了，不愿意独自睡觉。妈妈虽然向她解释过很多次黑夜形成的原理，让她不要害怕黑暗，但是露娜觉得妈妈是不喜欢自己了，才一点儿也不在乎自己的感受。

3～6岁的孩子会经历一段特殊的心理时期——泛灵心理时期。这时期的孩子会把一些生活中的物品当作有活力的生命体来对待，会跟喜欢的玩具如布娃娃等说话。这种心理有利于开发孩子的思维，使他们的情商和智商得到发展。但同时，过于丰富的想象力会让孩子对黑暗充满恐惧，觉得黑暗中藏着怪兽。

孩子怕黑，有时候是怕天花板上的影子，有时候是怕忽明忽暗的路灯。有时候，有的房间关了灯也不会完全变黑暗，因为别的房间或者是窗外有光亮，就会在该房间里映出一些影子。对于孩子来说，现实和想象的区别还不是那么明确，而黑暗就是触发这种恐怖联想的开关，因此孩子不敢关灯睡觉。

情绪疏导话术

孩子对黑暗的恐惧会随着年龄的增长和认知的发展而慢慢淡化。家长要正确地引导孩子诉说心中恐惧的事物：

"怪物的头是什么样的？怪物的四肢是什么样的？怪物的身体最厉害的是哪一部分呢？……"（鼓励孩子描述害怕的东西，把它拟人化之后，恐惧感就会大幅降低）

"妈妈知道你很害怕，因为妈妈小时候跟你一样也怕黑。"（让孩子感到被理解）

"床底下、衣柜里，我都检查过了，没有怪兽藏在房间里，现在妈妈可以关灯了吗？"（给孩子心理安慰）

"是什么让你觉得害怕呢？它们是什么颜色的？"（鼓励孩子说出自己的感受）

家教艺术

孩子对黑暗的恐惧，虽然很大程度上是假想出来的，但他们的情绪是真实存在的。

当孩子向家长表达怕黑的时候，这样的回应会让处于恐惧中的孩子更加受伤：

"这有什么好怕的？"（打击孩子的沟通积极性）

"男子汉大丈夫，怎么这也怕？"（消极暗示）

"你真是胆小鬼，长大了可怎么办呀？"（孩子会产生不自信）

帮孩子克服对黑暗的恐惧是一方面，帮助孩子适应黑暗是另一方面。家长可以在关上房间里大灯的同时，开一盏灯光比较暗的小灯，这样逐步过渡到小壁灯，直到最后关上所有的灯。只要让孩子有一个适应黑暗的过程，就能够减少孩子的焦虑。

害怕失败，不敢尝试新游戏

你不试怎么知道自己不行？妈妈看好你！

我不要试这轮滑，我不行。

场景再现

　　露娜是一个比较谨慎的孩子，她只喜欢自己熟悉的事物。因此，妈妈让她尝试轮滑的时候，遭到了她的拒绝。这令妈妈很担心，觉得露娜不愿意尝试新事物，所以一遍又一遍地强制让露娜尝试轮滑。

家长总是希望孩子能够勇敢一点，成为生活中的强者。然而，每个孩子的秉性、行为习惯都不同。有的孩子天生感官敏锐，会把看到的、听到的一股脑儿地反馈给大脑，在弄明白新游戏之前不会轻易尝试，因为如果自己没有百分之百的把握，就会没有安全感。而那些不太敏感的孩子则不会想太多，他们通常"手比脑快"，会直接投入新游戏中。

情绪疏导话术

要想成功地让孩子尝试新事物，家长首先要明白一点：到底是什么让孩子退缩？基于此，可以用以下这些话术来沟通：

"你愿意尝试轮滑，这对你来说是很不容易的。妈妈看到了你的勇气，你很棒！"（多鼓励才能让孩子更有勇气）

"我们每个人都希望把事情做成，你暂时没有学会，感到难受，这很正常。"（允许孩子失败，不给孩子压力）

假如孩子一直都不爱尝试新事物，家长也要尊重孩子的天性。有时候，家长的理解和接纳反而会比压迫孩子更有用：

"如果你愿意尝试，妈妈很开心；但如果你真的不想尝试，妈妈也不会逼你。"（调整自己和孩子的心态）

孩子不想学轮滑时，家长可以跟他们谈谈，比如：

"你害怕学不好，害怕受伤，对吗？"（了解他们担心的是什么）

"刚开始学的时候，避免不了出丑，大家都这样。"（孩子也会因为害羞而不敢尝试）

或者可以带孩子先去场地熟悉一下环境，这可以让他们更有安全感。

总之，当孩子害怕接触新事物的时候，家长需要做的就是陪在他们身边，为他们提供支持，帮助他们增强信心。而不要轻易向孩子保证：

"你一定会做得很好。"（孩子也有自己的判断，盲目鼓励会加重失败后的落差感）

"这没什么好害怕的。"（忽视孩子内心的真实感受）

家长应该做的，就是让孩子知道，家长理解并接受他们的感受，并且家长不会因为他们做得不好而批评他们。

第五章

安抚悲伤的
小小心灵

很多时候，我们都认为童年应该是充满欢乐的，却忽略了孩子的各种情绪，其中不仅仅有快乐，还会有愤怒、恐惧、厌烦和悲伤等。特别是孩子悲伤、哭泣的时候，往往也是身为家长的我们最为焦虑和不知所措的时候。这时家长应该怎么安抚孩子？可以用哪些话术呢？

失去了心爱的东西

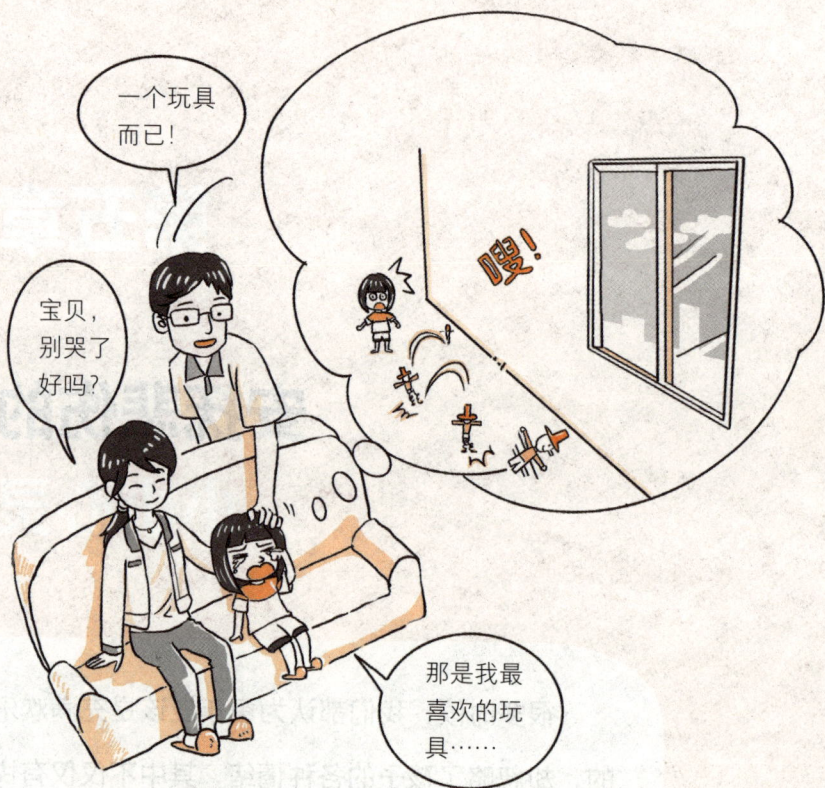

一个玩具而已!

宝贝,别哭了好吗?

那是我最喜欢的玩具……

嗖!

张阿姨送给佳佳一个玩具,即一个塑料做的小人儿,按下去之后它会弹跳。佳佳很喜欢它,结果玩的时候一不小心把小人儿摔坏了,佳佳号啕大哭起来。爸爸妈妈想让她玩别的玩具,但佳佳觉得更难过了,并且边哭边说,那是她最喜欢的玩具。

很多家长都有过这样的经历：孩子不小心弄丢了一个玩具后，即使家长告诉孩子可以再买一个，但孩子就是不听，特别执着于丢失的东西。其实，孩子的世界很小，所拥有的每一样东西在他们眼里都是独一无二的，而且孩子还不懂得如何理解失去，失去了玩具对他们造成的心理冲击，远比大人想象的严重。

当孩子失去了心爱的玩具时，很多父母本能的反应是不停地劝阻："别哭了，别哭了。"事实上，孩子非常难过时，哭只是他们表达情绪的一种方法，不让他们哭，就是强迫他们压抑痛苦。

情绪疏导话术

面对孩子的难过，家长首先要做的就是与孩子保持共情，接纳和认可孩子的需求，然后再引导孩子找到解决的办法。比如，可以用下面这些话术来沟通：

"我知道你很喜欢这个玩具，也知道失去它你非常伤心，我们来抱一抱，好吗？"（允许孩子发泄情绪）

"我们一起修复一下，看能不能恢复原样。"（用实际行动解决问题）

等孩子情绪稳定一点的时候，如果实在找不到玩具，那么可以跟孩子商量：

"如果我们实在找不到你的玩具，妈妈可以给你新买一个，好吗？"（让孩子自己选择如何解决问题）

孩子的情绪渐渐平复后，家长可以进一步告诉孩子，丢失东西是不可避免的，有时候能找回来，有时候不能，让孩子理解什么是失去。但是，也要告诉孩子，即便以后会遇到很多喜欢的玩具，也应该珍惜自己已经得到的东西。

家教艺术

当孩子哭闹时，家长要先控制住自己的情绪，保持平静是处理亲子关系的关键。谈话中，不要尝试通过激起孩子的愧疚感达到让其平静下来的目的：

"是你把玩具弄坏了，还有脸哭？"（无端地羞辱孩子）

"我早就告诉过你，玩的时候注意一点，你看看，玩具果然丢了吧！"（忽略了孩子的无助）

"都说了我会再给你买个一模一样的，你怎么还哭？"（没有意识到哭是因为当下的难过心情）

家长是孩子最亲近、最依赖的人，说出"还有脸哭"这样的话会让孩子对亲密关系感到失望。如果这类话术成为教育孩子的常态，那么对孩子的信念会是一种颠覆。

在班里被同学疏远了

小丽他们都不跟我玩……肯定是我不够好，所以她们才不喜欢我。

你怎么哭了？告诉爸爸怎么回事。

佳佳有过敏性鼻炎，每到换季的时候就会喷嚏连连。因为这件事，佳佳被班里的一些同学疏远了。佳佳听了心里很难受，她害怕因为自己的鼻炎，同学们都不喜欢她了，所以才不找自己玩。

学校就是一个小社会，孩子们之间有独特的社交方式。在大人眼里，孩子天真可爱，是没坏心思的。但正是因为这种天真直白，使孩子们先入为主的个人感受更强烈，不会为了其余目的跟他人玩耍，对于"不喜欢""看不惯"的个人，他们也会不加掩饰地表露自己的情绪。

发现孩子被疏远时，家长应先倾听孩子的苦恼并引导他们，让他们明白这是成长过程中的历练，同时告诉孩子，家长会站在他们身边，支持他们，帮助他们走出这个困境。

情绪疏导话术

帮助孩子平静下来之后，家长就要和孩子一起分析被疏远的原因，一起商量解决方案。可以用这些话术：

"我觉得是因为你跟他们不一样，他们不明白你为什么没有感冒也会打喷嚏。"（与孩子讨论被排挤的原因）

"他们并不是不喜欢你，而是不喜欢生病。"（教孩子客观分析问题）

"如果你很想跟某个人交朋友，可以尝试跟那个人拥有一些共同的兴趣、话题。"（给出解决孩子社交难题的办法）

"你喜欢唱歌，班上有没有跟你有同样爱好的人？也许你跟她们交朋友会比较容易一点。"（鼓励孩子主动社交）

"你觉得怎么样可以交到一个好朋友？"（引导孩子自己思考）

家教艺术

家长可以帮助孩子分析一下，班级里有哪些小朋友对自己比较友好。孩子会发现，原来班级里并不是所有人都对自己不友善，这样孩子就能减轻焦虑情绪，增加一些自信。同时，也要引导孩子理解：不是所有人都能成为自己的朋友，交朋友是两个人之间的事情。如果对方不想跟孩子玩，那么孩子就大大方方地接受，因为他人有选择和谁玩的权利，孩子也可以拒绝跟不喜欢的人做朋友。

考试没考好，孩子很受打击

我已经很努力了。为什么总是考不好？是不是我比别人笨？

伤心！

B

佳佳期中考试考得不好，她感到很难过。因为她发现自己无论多努力学，也赶不上班级某些同学。对于一些难题，某些同学看两遍就会了，而自己需要花费很长时间才能弄明白。佳佳伤心极了，觉得也许自己不是学习的料。

每个孩子都希望自己能考满分，希望家长为自己感到骄傲。但是往往事与愿违，孩子没考好，有时候是因为能力没跟上，有时候是因为习惯没养好。无论具体原因是什么，家长首先要做的是接纳孩子的情绪。

此外，家长也要平和地看待孩子受挫后发泄情绪的行为，这是一种正常的情绪表达方式。当欠缺自信的时候，孩子习惯向自己最信赖的人寻求支持与关怀。家长只要给孩子一些陪伴和安慰，孩子就能很快地平静下来。孩子恢复平静之后，就能重新启动解决问题的思路，从而拾起信心、重振旗鼓。

情绪疏导话术

孩子屡战屡败时，家长一定要和孩子探讨失败的原因，吸取从失败中得到的教训，教给孩子正确的方法，这样才能保护孩子对学习的兴趣。可以用这些话术跟孩子沟通：

"妈妈知道你心里挺难过的，你需要妈妈帮你做些什么呢？"（接纳孩子的失败）

"无论怎么样，妈妈都爱你！这次没考好没关系，但是你要问问自己，从这次考试中你得到了什么？"（帮助孩子总结经验）

也可以这样安慰孩子：

"不要紧，我们再来一次。"（告诉孩子失败不可怕）

"考得不好没关系，因为妈妈看到你的努力了。"（让孩子知道过程比结果重要）

家教艺术

比起考试成绩的好坏，家长更应该关注成绩背后隐藏的信息。安抚好孩子的情绪后，再与孩子一起分析失分的主要原因。通常，大多数孩子失分可能有以下三个原因。

（1）考试中的知识点刚好是自己的薄弱环节。

（2）考试时过于紧张，导致会做的题做错。

（3）作答时间和顺序安排得不合理。

家长千万不要埋怨孩子：

"你怎么不给我争气？怎么考得这么差？"（容易让孩子失去信心）

"你们班第一名考了多少分？你是班上第几名？"（使孩子陷入与他人的对立状态，孩子就会给自己找借口）

同时，要告诉孩子：学习就像是一次长跑，刚开始跑得慢没有关系，但一定要稳扎稳打，因为我们要为后面的冲刺做好铺垫。只有像这样坚持到最后，才能向胜利发起冲刺！

被人起外号，心情很糟糕

你最近在学校是不是遇到了不开心的事情？

很多同学给我起外号……

外号

佳佳最近被学校的同学起了外号，她非常不喜欢同学们给她起的外号，也不喜欢每天被人叫外号。为此，佳佳都有点不喜欢去上学了。

孩子进入语言敏感期后，开始体会到语言的威力，再加上处在这一时期的孩子词汇量有限，有的孩子就会根据一些谐音或者身体特征给同学起一些粗鄙又搞笑的外号。这是年龄和知识水平的限制造成的，而不是给人取外号的孩子成心侮辱他人。

但不管孩子是否成心给他人取外号，试想一下，一群孩子围着一个孩子，用外号称呼这个孩子，或者当老师在课堂上提问"这道题谁回答？"时，总会有捣乱的声音说"×××（外号）会"，这些难免会引起被取外号孩子的尴尬和难堪。年幼的孩子心理发育还不成熟，不会进行自我调节，甚至当自己被冒犯时也不太会表达，只会觉得不开心，这就需要家长及时关注。

情绪疏导话术

孩子开始在意被起外号，其实是社交需求的一种表现，暗含着渴望被他人接纳的心理。但是，想交朋友就难免会遇到各种各样的人，终究需要孩子自己去应对。家长能做的就是帮孩子分析当前的情况，同时对孩子给予鼓励和支持。可以试着用这些话术沟通：

"被这么叫，你一定不好受吧？妈妈听着也不开心呢。"

（认同孩子的感受，理解孩子的不开心）

"我觉得他们是想吸引你的注意，故意这么说的。你可以告诉他们，你不喜欢这个名字。"（打消孩子的自卑感）

"如果你特别想跟这个孩子玩，可以跟他说不要这样叫你。好朋友之间是会互相理解的。"（帮孩子建立社交原则）

家教艺术

当孩子为外号感到烦恼时，家长要以平和的心态予以引导；如果表现得过于冷漠或者过于重视，都会加重孩子对外号的反感和委屈。最好不要说以下几种话：

"没关系的，宝贝，有外号很正常，要心胸开阔一点儿哦！"（忽视孩子的内心感受）

"太过分了，是哪个小朋友这么喊你的？妈妈帮你去找老师和对方家长！"（使孩子失去自己解决问题的机会）

另外，家长在平时也要注重培养孩子的社交能力。比如，鼓励孩子在班级活动的时候参与表演，或者多帮助一些需要帮助的同学。这样，孩子在班级这个小集体里将收获更多的友谊和善意，有助于孩子形成自己的社交圈子。

总之，被起外号是锻炼孩子独自面对并解决问题能力的好机会，能让孩子学会如何向他人表达自己的观点和感受，这是成长路上非常重要的一课。

玩心太重被批评，孩子很悲伤

你天天就知道玩，作业写完了吗？

我玩一会儿再写。

佳佳在写作业的时候，趁家长不注意便到客厅沙发上玩了起来。谁知爸爸刚好路过客厅看到了这一幕，便狠狠地批评了她。她玩玩具本来只是想放松一下，家长的训斥让她很委屈。

发现孩子犯了错后，家长要给他们一段"冷静时间"，不要忙于批评和指责。等到孩子情绪稳定，能够静下心来和家长进行有效沟通的时候，再来讨论之前的问题，往往会有更好的效果。这个时候，可能不需要家长多说，孩子就已经能够很好地认识到自己的问题所在，并决心改正了。

如果家长一上来就警告孩子，给孩子施加压力，甚至挖苦、讽刺孩子，就会伤害孩子的自尊心。这样不仅达不到教育的目的，还很可能使孩子变得悲观、消极、自暴自弃，甚至走向极端。所以，即使要批评孩子，家长也要以尊重和爱护为原则，这样才能达到批评的目的，取得理想的教育效果。

情绪分析

情绪疏导话术

批评不是一味地指责，而是一种反馈，是对孩子行为、表现的回应。错误的批评会让孩子觉得自己被羞辱。正确的批评应该是有建设性的，是分析、解决问题，是对孩子有帮助的。下面列举两种不同的批评话术：

"写作业的时候不要玩玩具。你还有三道题作业就做完了，玩具会干扰你的思路。"（指出孩子不能玩玩具的原因）

"你学习不好就是因为玩玩具。天天思想开小差，你怎么能学好？"（没有提出建设性意见）

从表面上看，上述两句话都与批评孩子有关，都是在指出孩子的错误。但是，在孩子看来，它们却有着完全不同的意义。前者给予孩子正确的行为参考；后者以指责为主，没有提出建议性意见。由此可见，前者才是一种正确的批评方式，因为是在帮助孩子一起解决问题，而不是一味指责。

家教艺术

批评孩子时，除了要注意说辞之外，还要注意时间的选择。

（1）早晨起床不批评孩子。早晨起床就开始批评孩子，会对孩子一天的心情造成影响。正确的方式是，当场用言语点出孩子哪里做错了，然后抓紧时间准备上学，放学后再讨论具体问题。

（2）吃饭时不批评孩子。一边吃饭一边批评孩子，会影响孩子的食欲。

（3）不在公众场合批评孩子。孩子在 3 岁左右自我意识开始萌芽，开始懂得"要面子"，因此家长应尽量避免在人多的地方批评孩子。

（4）不在睡觉前批评孩子。带着负面情绪入睡，孩子容易睡不安稳、做噩梦等，从而影响睡眠质量。

宠物去世了，孩子陷入悲伤

小鸟死了，治不好了。

妈妈，我们给它治一治，好不好？

场景再现

爸爸妈妈带佳佳到外面玩。佳佳还带上了她的小宠物——鹦鹉芬妮，可是芬妮被一只流浪猫咬死了，佳佳很伤心。她不懂什么是死了，只知道芬妮再也不能陪自己，她很难过。

宠物死亡，往往是孩子第一次经历生命逝去的悲伤，所以他们还不知道该如何应对。

见孩子哭得伤心欲绝，很多家长首先会劝解孩子，不让孩子哭，并且会跟孩子说"哭也没有用，小鸟是不会活过来的"之类的话。从理性的角度看，事实的确是这样，但是孩子听了只会更加伤心，甚至会愤怒，因为他们认为自己的感受没有被认同。

这时候最要紧的是陪伴孩子，家长可以抱抱孩子，给他们一些身体上的安抚和心理上的共情。

情绪疏导话术

喜欢小动物是孩子的天性。当孩子的宠物死了之后，家长该怎样表达才算是尊重孩子的情感、重视孩子的情绪？可以借鉴以下话术：

"妈妈理解你的心情，芬妮是你的好朋友，它以后不能陪你了，这真的令人伤心。"（让孩子感受到被理解）

"你每天给它喂食，给它打扫卫生，用心照顾它，它也给你带来了那么多的快乐。"（跟孩子回顾宠物带来的美好时光，感受宠物带给孩子的意义，而不仅仅执着于小鸟的存在）

等孩子情绪缓和一些后，可以跟孩子一起商量方案，为他们心爱的宠物做点什么：

> "我们带上芬妮最喜欢的食物跟它告别吧。希望它快快乐乐地离开。"（让孩子明白，有些事实是无法改变的）

家教艺术

宠物的离世，对于家长来说，其实是一个对孩子进行生命教育的机会。好的生命教育，不仅能够帮助孩子认识生与死，还能够让孩子学会敬畏生命。当孩子问家长"宠物死了以后会去哪里"时，家长可以这样回答：

> "小鸟躺在泥土中，会变成泥土的一部分，为土壤中的种子提供营养。等到了春天，它就会变成一朵花、一棵草，回来看你啦。"（告诉孩子生命是循环不息的，死亡不是终结，而是新的生命的开始）

同时，要让孩子理解，生命的孕育和消逝是大自然的规律，就像种子发芽、开花和花朵凋谢一样……所有生物都会遵循这一自然规律，家长可以帮助孩子坦然接受死亡，从而以平常心看待宠物的死亡。一只小鸟会离开，也会有另一只小鸟出生，这是每个家庭都应该教给孩子的生命课。

陪伴太少，孩子感觉很缺爱

快到儿童节了，你想要什么礼物呢？

妈妈，我只想让你多陪陪我，可以吗？

场景再现

佳佳的爸爸妈妈平时忙着工作，没有太多的时间陪她。快到儿童节了，当妈妈问她想要什么礼物时，她直言回复妈妈说不想要礼物，只想要妈妈多陪陪自己。

童年时期，如果孩子的情感需求长期得不到满足，就会造成童年期的缺爱，通常会有两种不同类型的表现。

（1）反依赖，对人缺乏信任。正所谓没有伞的孩子必须努力奔跑。由于深知自己背后没有人可以依靠，所以这类孩子认为凡事要靠自己，思想上往往比同龄人更成熟。

（2）消极、自卑、敏感。缺爱的孩子，有相当一部分表现得自卑又敏感。他们心思细腻，容易受到他人的影响。由于太过在意外界的评价，他们会习惯性地委屈自己。

情绪疏导话术

孩子对爱的理解既简单又直接，如果家长对他们的陪伴少了、鼓励少了，他们就会觉得家长的爱变少了。可以试试下面这些话术，让孩子明白家长的内心：

"可以跟妈妈说一说，你为什么不想要玩具了吗？"（孩子反常的表现，其实是想引起家长的注意）

"是妈妈不好，光顾着工作了，你可以给妈妈一个改正的机会吗？"（请求孩子的原谅）

"妈妈一直爱你，但是妈妈也会有做错事的时候。你可以说一说妈妈做了什么让你伤心的事情吗？"（给孩子倾诉的机会）

家长要多跟孩子进行身体上的接触：拥抱孩子、摸摸孩子的头、睡前给孩子一个简单的晚安吻，这些简单的肢体接触可以带给孩子被关爱的感觉。

家教艺术

有的家长实在抽不出时间来陪孩子，这时候可以仔细思考一下，对自己的时间做个规划。

（1）在生活方面，可以在晚饭前后、睡觉前，抽 15～20 分钟跟孩子聊聊天。

（2）在学习方面，可以挑选孩子喜欢的课外作业，让他们写好后通过网络上传，家长批改后再为其布置针对性的练习。这样，即使家长不在孩子身边，也能让孩子感受到家长的陪伴。

陪伴是最长情的告白，但陪伴也分很多种，除了照顾好孩子的日常起居之外，还要和孩子建立心与心的联结。多沟通，多交流，走进孩子的世界，让他们时刻感受到家长的爱在滋养着自己，孩子才会变得更自信、更勇敢，内心更有力量。

跟好朋友吵架了，情绪很低落

你这几天都闷闷不乐的，发生什么事了？

我跟希希吵架了。

闷闷不乐！

朋友之间哪有不闹矛盾的？过几天你俩就和好了。

场景再现

　　佳佳和希希是最好的朋友。有一次，因为一点儿小事，佳佳和希希闹起了矛盾，两人谁也没有主动言和。佳佳本来想跟希希道歉，可是又不知道怎么开口，为此她的情绪十分低落，整天闷闷不乐的。

孩子的许多行为习惯都来源于家长。在社交初期，家长通常都会鼓励孩子多结交朋友。并且，当孩子到了一个新环境时，家长也会询问孩子"你有没有交到新朋友"等。这就会给孩子的潜意识传达一个信息：自己必须拥有一个朋友。朋友成了孩子的"刚需品"，如果没有，或者失去了，那么孩子就会感觉患得患失的。

进入集体生活后，孩子会把对家长的一部分依赖逐渐转移到朋友身上。他们开心时，愿意和朋友分享；难过时，渴望得到朋友的安慰；遇到困难时，更希望得到朋友的支持，甚至会跟好朋友生出"共生感"，即朋友的就是自己的，自己的就是朋友的。所以，在孩子的世界里，和好朋友吵架是非常严重的社交危机。

情绪疏导话术

家长应该引导孩子正确地看待友情，让孩子从中发展出化解人际关系危机的能力、调节情绪的能力、沟通能力等。基于此，可以用这些话术与孩子沟通：

"你是不是误会她了？可以说说事情到底是怎么回事吗？"（安抚孩子的情绪）

"这几天都是你自己一个人玩吗？"（适当提问，从提问中发现问题）

"你觉得这件事让你生气的原因有哪些呢？"（引导孩子总结吵架背后的核心原因）

"你想跟她和好吗？"（把交友的决定权交给孩子）

当孩子向家长倾诉的时候，家长要做的是倾听和与孩子共情，必要时也可以给孩子提供支持。

家教艺术

等孩子情绪平复后，也可以问问孩子怎么看待这件事：

"既然知道你自己和她对这件事的发生都有责任，那么，你觉得自己可能有哪些行为导致了这个问题？"（让孩子看到自己的弱点）

但是，要避免说以下这些话：

"她可能不是这么想的。"（将自己置于孩子的对立面）

"她怎么这样？妈妈去找她。"（替孩子表达不满）

人生就像一次旅行，会有无数次的相遇和分离，于是就会有悲欢离合，但这些会让成长本身变得更丰富有趣。家长只要让孩子知道，和好朋友闹矛盾也是成长的一部分，矛盾就没那么可怕了。

第六章

陪孩子走出
焦虑的阴影

在大人看来，天真活泼的孩子是"无忧无虑"的代名词，焦虑只属于大人。但是，无论是科学数据还是日常生活中的见闻感受都告诉我们，孩子并不一定都是无忧无虑的。当孩子感到自己身边的某件事失去控制的时候，也会产生焦虑感。

站在演讲台上，
一句话也说不出来

场景再现

妮妮在生活中是一个开朗活泼的孩子，她常常都会给大家表演一些节目。可是，这次站在演讲台上，看着下面坐着那么多人，妮妮突然有点儿紧张，并且大脑也一片空白，竟然连一句话也记不起来了。

孩子不敢在公开场合登台演讲，与心理状态有很大关系。研究表明，安全感充足的孩子比较容易适应环境，而安全感不足的孩子面对陌生环境时，会不自觉地产生焦虑心理，他们害怕出现在大众面前，也害怕被他人注意到。这也就解释了为什么有的孩子在家里能说会道，但是一到陌生环境就变得沉默胆小了。

除此之外，孩子怯场也跟缺乏口才与登台经验有关。因为拥有好的口才和有能力上台演讲，这本身就是特质，并不是每一个孩子都具备这样的特质。

情绪疏导话术

孩子怯场的原因往往是多样的，家长不要急着给孩子贴上"胆小鬼"和"没用"的标签，一味予以指责只会增加孩子的自卑心理。孩子在 3 岁前缺乏自我评价能力，直到 7 岁才渐渐有一个自我评价的雏形，所以，家长肩负着帮助孩子建立良好自我认知的重大责任。可以用以下话术与孩子沟通：

"没关系的，你这次只是有点紧张，相信下次你一定可以表现得更好！"（避免孩子进行自我否定）

"你上台有可能怕出错，怕丢脸，有可能忘词儿，这都是很正常的反应。"（减轻孩子的心理压力）

"也许会有人在笑，但是也没有关系。你要知道，他们不是笑你，而是笑这个小错误。"（教孩子正确地看待失误）

"哪怕你上台说得不好也没有关系，这不代表你整个人都不行，你只是在这件事上需要多花点时间练习而已。"（帮孩子打消顾虑，鼓励孩子表现自己）

家教艺术

由于孩子公开表达和演讲的机会不多，家长可以在家中帮孩子练习，建议每周一次，每次练习 1～2 分钟。话题可以是随机的，但最好是孩子感兴趣的，比如，他们熟悉的某个动画人物，或者是他们熟悉的同学。尽量不要选一些很空泛的话题，如幸福、成功之类的。

值得提醒的是，当孩子进行表达和演讲练习的时候，家长要避免说教和批判的语言：

"我都教了好几遍，你怎么还不会？你不适合做演讲。"（家长需要做的是陪伴孩子进步，而不是打击孩子）

"别人都可以表现得那么好，你为什么不行？"（教育孩子的目的，是帮助孩子发现自己的优势）

换了同桌，心情很低落

怎么了？你为什么忽然不想去学校？

又要上学了，我好烦。

老师给我们换了座位，我不喜欢现在的同桌，想要跟以前的同学做同桌。

妮妮他们班前不久刚调换了一次座位。妮妮和新同桌相处得很不愉快，每当上课的时候，新同桌就会做鬼脸吓唬妮妮，两人经常吵架，甚至还常常被老师点名批评。这令妮妮很怀念原来的同桌。

首先，家长要试着换位思考，理解孩子对原来同桌的依恋之情。孩子同原来的同桌相处得久了，两人之间互相熟悉，当忽然之间换了同桌时，孩子需要时间去和新同桌磨合和了解，产生不舒服的感觉也是正常的。即使是成年人，猛然之间换了环境，离开了熟悉的人，也需要一些适应时间，更何况是社交技能还不发达的孩子？

其次，家长应该沉住气，信任老师。当孩子不适应新同桌时，很多家长的第一反应就是换位置，但其实这是不可取的。这次换了位置，下次万一再遇到其他不习惯的新同桌呢？老师让孩子跟不同的同学做同桌，本意是通过多接触他人，锻炼孩子的适应能力，帮助孩子更好地融入集体。而通过调换座位来逃避问题，会让孩子失去成长的机会。

情绪疏导话术

缓解孩子失落情绪的最好办法，就是引导孩子多发现新同桌身上的闪光点。同时，让孩子意识到，虽然离开了熟悉的老同桌，但可以认识更多新的同学。因此，可以用以下话术与孩子沟通：

"每个人都有优点和缺点，也许你可以给自己一点时间，观察新同桌的优点。"（引导孩子接受事情的两面性）

"妈妈理解你，跟不熟悉的人相处，确实需要时间来适应。"（肯定孩子的情绪）

"同桌搞小动作时，你完全不理他确实很难，可是一定会有办法的，你能想出来吗？"（让孩子独立思考）

家教艺术

当孩子遇到人生中第一个相处不那么和谐的同桌时，家长要教他们学会如何和他人相处，以锻炼孩子的适应能力和自立能力。家长要以积极的心态引导孩子，并帮助孩子找到适宜的方法，尽快与新同桌建立良好的关系。

每个孩子都需要不断地从自己熟悉的小环境出发，进入越来越大的新环境，也会遇到很多习惯各不相同的人。家长可以把孩子的每一次适应都当作成长的阶梯，这种成长能使孩子的认知能力得到提升，内心也变得强大起来。

有了弟弟妹妹，
爸妈还会爱我吗

他是你弟弟，我们是一家人，不能把他送走。

快把他送回医院！

爸爸妈妈只能是我一个人的。

妈妈生了二孩之后没多久，妮妮就开始在家乱发脾气，说自己很讨厌弟弟，甚至要求妈妈把弟弟送走。妈妈觉得妮妮是在争宠，有点儿无理取闹，于是批评她越大越不懂事。妮妮很失落，她不确定爸爸妈妈是否还爱着自己。

在心理学领域，有一个词叫"同胞竞争"，说的是兄弟姐妹之间，是天然的竞争关系。

家长在照顾新生儿手忙脚乱的时候，难免会让大孩让着弟弟或妹妹，这不仅会让大孩感到被忽略，还会令大孩产生一些错误的想法。其实，孩子都是以直线思维看待事物的，当家长责骂和批评他们时，他们就觉得家长不爱他们了；家长多关注他们，用点儿心思爱他们时，他们就觉得爸爸妈妈好，并且不容易做出欺负弟弟或妹妹的行为。所以，家长要学会通过沟通来解决这个问题。

情绪疏导话术

当孩子说不喜欢弟弟或妹妹时，家长要表示理解。此时，可以用这些话术与孩子沟通：

"我知道你很喜欢以前没有弟弟／妹妹的时光，而现在当咱们家来了客人，或者我们逗小宝宝的时候，你觉得大家对你不够关心，这对你确实不公平，但你应该知道，我们是爱你的。"（表达对孩子的爱）

"如果有人说爸爸妈妈有了弟弟／妹妹就不爱你了，那么你可以理直气壮地告诉他们：'你骗人，爸爸妈妈会永远爱我！'"（他人的无心之语会误导孩子）

"弟弟／妹妹也会爱你，你得到的爱不会被分走，他／她还会和你分享快乐。"（引导孩子学会接纳家庭新成员）

家教艺术

家长都希望自己的孩子之间能相亲相爱、相互陪伴，但是孩子之间发生矛盾是难免的。家长不要急于插手，要让孩子们自己尝试着去解决。并且，尽量别用这些话术来教育孩子：

"你是哥哥，你要让着弟弟，把玩具给弟弟玩，你玩别的玩具不行吗？"（不平等地对待孩子，奉行"老大就是要让着老二"这个理念，不仅会让大孩感到被忽略，还会产生一些错误的行为，如故意欺负二孩等）

"妈妈要照顾弟弟穿衣服，你自己收拾一下书包，然后快点儿吃饭，去上学。"（忽视大孩的需要，令大孩心生不快）

"哥哥不听话，但是弟弟就比较乖啦！"（拿两个孩子做对比，会让大孩觉得自己在家长心目中和二孩是不一样的，甚至会使大孩与二孩之间产生感情隔阂）

在多子女家庭中，家长要用同一套标准来对待两个孩子，比如：不可以无故争抢对方的东西，要在自己力所能及的范围内帮家长做家务之类。

期末考试要到了，好紧张

快考试了，我好紧张。

场景再现

妮妮平时学习还算不错，但是她每逢考试就会紧张。考试前夕，紧张不安的妮妮甚至还会睡不着觉。见妮妮临考前这副难受的样子，妈妈很担心她，不知道怎么安慰她才好。

考试对孩子来说，是一项很重要的事情，代表着对自己学习效果的检验。对考试结果的恐惧让孩子不断地给自己心理暗示，于是就产生了焦虑情绪。孩子控制不住这种情绪，就产生了对考试的紧张情绪。孩子受情绪影响，即使平时成绩不差，一到严肃的考场上也会手足无措，从而无法发挥自身的正常水平。

每个家长都希望自己的孩子能考出优秀的成绩。为了出人头地的"远大"目标，家长会对孩子采取一些自己认为对孩子好的措施，如根据孩子的考试名次设立奖惩机制，或者表达一些"如果现在学习不好，以后就会很没出息"之类的消极观点。

孩子除了要承受学习的压力，还要承受来自家长的压力。在这种高压之下，孩子容易产生思想包袱，害怕自己考不好，于是出现越临近考试越紧张，越紧张越考不好的恶性循环。

情绪疏导话术

家长要让孩子明白，学习是为了让自己得到提升，而不是追赶他人，无论考试结果怎么样，成绩都只是一时的，帮助自己掌握知识才是考试的真正目的，可以用这些话术帮孩子调整心态：

"你要尽力而为，但是也要知道，一次考试的成绩不会决

定你的未来。没有任何考试能衡量你是否聪明。"（正确看待考试的成绩）

"不管你考了多少分，爸爸妈妈都不会用分数来评判你。"（减轻孩子的心理压力）

"考试结果能帮你找到自己在学习知识过程中的弱点，因此它是用来帮你取得进步的。"（告知孩子考试的意义）

家教艺术

孩子学习很辛苦，他们在内心也希望自己能考好，渴望得到老师和家长的认可。因此，家长对孩子要以鼓励为主，要让孩子明白，只要尽了最大的努力，即使考试中出现一点儿失误，也不要感到遗憾。总的来说，家长要避免用这些话术给孩子增加压力：

"你复习得怎么样了？这次有把握考好吗？"（过度强调考试结果）

"这次你必须考好，否则看我怎么收拾你！"（以暴力恐吓孩子）

"你要是考试考不好，放假别想好好过！"（制造高压的考前气氛）

同时，家长也可以带孩子到户外进行运动，或者让孩子用画笔画出自己的感受，甚至让孩子自己一个人安静地待一会儿，都可以达到不错的放松效果。总的来说，具体的放松形式可以根据孩子的性格和喜好来定。

同学想抄作业时，孩子很忐忑

能把你的作业给我抄一下吗？这样我们就能很快去看电视了。

这……

场景再现

妈妈平常总是教育妮妮，好东西要与人分享。可是，对于如何拒绝他人的过分要求，妈妈却没有教她。所以，妮妮在遇到甜甜提出的抄她作业的要求时，虽然她在心里认为这是不对的，但是一下子不知道该怎么应对。

学校就是一个小型的社会，孩子不仅会在这里遇到很多人，还会遇到各种各样的社交问题。比如，面对普通同学的时候，孩子也许能勇敢地拒绝对方不合理的要求；可是面对好朋友的时候，孩子就会有心理压力，害怕因拒绝而失去朋友，原则的天平就会倾斜。

同时，由于年幼的孩子不懂自我评价，他们对自己的认知多来源于他人对自己的反馈：他人喜欢自己时，孩子的自我价值感很高；他人不喜欢自己时，孩子的自我价值感就会变低。所以，家长要理解孩子的心理，帮助他们建立正确的自我评价标准。

情绪疏导话术

家长通常都会教孩子与人分享、与人合作，希望孩子养成慷慨大方的美德，殊不知拒绝他人也是需要练习的。家长可以这样教孩子拒绝他人：

"对不起，老师教育我们，抄作业是不对的。"（教孩子明确自己的态度）

"写作业是为了复习所学的课本知识，你应该独立完成。"（解释拒绝对方的理由）

"你有不会的问题时，我可以教你，等你写完作业我们再

一起玩。"（提出其他解决办法）

在孩子懂得拒绝他人之前，发现孩子想拒绝但不敢的时候，家长可以给孩子做一些心理疏导，可以温柔地告诉孩子：

"没有关系，你解释一下，他应该会理解的。"（坚定孩子的信心）

"我认为你应该拒绝他的要求。"（给孩子做决定的勇气）

家教艺术

随着孩子年龄的增长，朋友对其的影响会越来越大。对是非观还比较模糊的孩子来说，如何避免他人带来的不良影响是重要的一课。家长要让孩子知道，拒绝他人的不合理要求不但不会影响友情，反而会让自己交到真正的朋友。

同时，家长还要鼓励孩子独立解决问题，形成自我判断能力，知道什么是合理的请求，什么是不合理的请求，让孩子在拒绝不合理要求的过程中成长。只有这样，孩子才能收获更健康、更和谐的人际关系。

明明作业不多，孩子却说多

妈妈，我的作业也太多了！我看着就头疼！

我记得老师说现在的作业并不多呀。

升到小学高年级一段时间后，妮妮忍不住向妈妈抱怨作业太多、太难。妈妈记得开家长会的时候老师特意说，目前的作业量适中，只要安排好时间，一定能够早点儿完成，所以妈妈不明白妮妮遇到了什么问题。

写作业的时候，很多孩子会抱怨作业太多或太难，此时家长应该第一时间确认孩子的感受，对孩子表示理解，认同孩子的情绪，共情孩子的感受。当孩子把情绪充分宣泄出来之后，问题就解决一半了。因为如果不让孩子表达情绪，就没有办法找到他们抱怨的真正原因。

小学阶段，作业只要多读两遍题干，基本上每个孩子都能做出来。但孩子为什么还会说好难呢？这其实就是孩子有畏难情绪了，意味着孩子对一些具有一定难度、带有挑战性的事情有所迟疑、害怕失败。而作业比较多，孩子自己安排得又没有条理的时候，畏难情绪就会更严重。

情绪疏导话术

家长可以先看看孩子的作业都有哪些内容，大概需要花多少时间，需要做哪些准备……把这些弄清楚之后，再一步一步地同孩子沟通：

"今天作业这么多，你可不可以分门别类地完成呢？"（引导孩子进行分类整理）

"你可以先做比较难的。因为人的精力是有限的，你觉得哪些内容对你来说比较有难度，就先集中精力来完成。"（帮孩子理顺思路）

也可以提醒孩子：

"你可以把今天老师上课讲的重点知识先记下来，遇到不会的题目时看看笔记。"（降低写作业的难度）

家长可以帮孩子列一个作业清单，每做完一项作业就在清单上打个钩，这样不仅让孩子有成就感，还不会变得那么焦虑。

家教艺术

家长要给孩子创造合适的条件，避免以下话术和做法：

"你写快点儿，别磨蹭。"（边监督孩子，边嘴里不停地唠叨）

"你气死我了，怎么还没写完？我一会儿不看着都不行，快点儿写！我看着你。"（训斥孩子）

"你不会写，还不认真，想不想写完作业了？"（怒气冲天地吼叫）

其实，很多时候人们都会被一项看起来很庞大的任务吓倒，甚至因害怕而迟迟不敢动手，但经过一番对任务的拆解，就会发现它其实并没有那么难。所以，当孩子认为作业"太多太难"时，要引导他们学会拆解任务，毕竟抱怨和焦虑解决不了问题。

第七章

驯服叛逆的
"小怪兽"

随着年龄的增长，孩子的身心发生着巨大的变化。叛逆就像一颗等待萌芽的种子，在孩子的内心深处蠢蠢欲动。成长中的孩子渴望被成人的世界认同，渴望通过叛逆的行为来向家长昭示自己已经长大，再也不是小孩子了。那么，家长该如何应对孩子的逆反心理呢？可以用哪些话术来与孩子沟通呢？

一言不合，就想离家出走

妈妈，你们等等我！

快把你的玩具收起来，这样你才能出门玩哦！

你们都不帮我，我要离家出走！

场景再现

全家人决定晚上出去吃饭。出发前，妈妈为了纠正洋洋不爱整理的习惯，让洋洋将自己摆得到处都是的玩具都收拾好再出门。洋洋一下子火了，大吵着要离家出走。

其实，孩子发脾气是好事。人类天生有四种基本情绪：快乐、愤怒、悲伤和恐惧。从小基本情绪被肯定和被看见的孩子，情感世界更丰富，内心能量更充沛，心理也更健康。反之，孩子如果长期不能随心所欲地哭、闹、发脾气，虽然看起来乖巧听话，但这是以压抑本能为代价的，更容易给以后的成长留下心理健康方面的隐患。

孩子发脾气，背后一定是有原因的。比如：孩子不擅长、不喜欢整理收纳，而当有更好玩的事情等着自己时，没办法理性地表达自己的诉求，情急之下，孩子就会用"我要离家出走"之类的语言表达情绪。

情绪疏导话术

允许孩子发脾气，但是不要乱发脾气。家长可以用这些话术告诉孩子乱发脾气的后果：

"我知道你现在很生气，感到难过或者不舒服。但乱发脾气并不能解决问题，反而可能会让事情变得更糟。"（表明自己理解孩子的情绪）

"离家出走的话，你就再也见不到爸爸妈妈、爷爷奶奶了，在外面流浪也没有人做饭给你吃，你会做饭吗？"（让孩子知道离家出走的后果）

"其实，你并不是真的想离开爸爸妈妈，对吗？你可以把心里话说出来，需要我们怎么帮你？"（引导孩子正确地表达诉求）

家教艺术

当孩子乱发脾气的时候，家长要避免以下这些话术：

"你怎么这么气人！"（家长要以身作则，控制自己的脾气）

"你居然敢说要离家出走，有本事你就出去，不要再回来了！"（激起孩子的逆反心理）

其实，孩子根本不懂离家出走的严重性。在他们的眼里，这是一种可以操作的解决方式，也是一种逃避困难和痛苦的途径。

5～6岁的孩子正处于性格和秩序的建立时期。这一时期内，他们会变得不讲理、难沟通、很执拗，不仅说话很气人，还会做一些在大人看来很离谱的事情。其实，这都是孩子心理发育的表现，因此家长可以再平常心一点儿，尝试用同理心去对待这个年龄段的孩子。

面对批评，跟老师对着干

你竟然在课堂上跟老师对着干！

你上课睡觉，老师当然会批评你。

谁让他那么凶，明明可以温柔地说我几句就行。

场景再现

在数学课上，洋洋不认真听课，趴在桌子上睡觉。数学老师严厉地批评了他。谁知道，第二天的数学课上，洋洋又没有好好听课，继续趴在桌子上睡觉。数学老师非常生气，便告知了洋洋的爸爸。

孩子跟老师对着干，意味着他们有自己的想法和需求，只是还不能准确地表达出来。这时家长可以先听听孩子的想法，与孩子进行平等的沟通，引导孩子梳理自己的想法，帮孩子捕捉并合理地表达出真实的需求。

在这个过程中，家长要对孩子的想法保持好奇，询问孩子的想法，真诚地聆听孩子的心声，帮助孩子组织语言以确认孩子想要表达的内容，这样才能纠正孩子跟老师顶嘴的行为。

情绪疏导话术

孩子只有接受适当的批评教育，才能变得越来越优秀。家长可以用这些话术与孩子沟通：

"其实，老师批评你，并不是因为讨厌你，老师只是更希望你能改正上课睡觉的毛病……"（清除孩子对老师的对抗心理）

"我发现你最近不是很爱上数学课，是不是数学让你觉得有点儿难呢？"（找到孩子不想上课的真实原因）

"我理解你的感受，但是跟老师对着干是不对的。人总有犯错的时候，我们必须为自己的错误承担责任，我们一起向老师

道个歉，好吗？"（家长表明态度，"跟老师对着干"是不对的）

"老师批评你，肯定是觉得你有进步的空间。"（教会孩子辩证地分析事件）

家教艺术

孩子因老师的批评而难过，是他们愿意变得更好的一种表现。因此，家长在指出孩子的错误行为时态度要客观，不要用涉及孩子性格、品性的语言来批评孩子，要避免以下令孩子反感的话术：

"你知道为什么老师只批评你吗？"（容易把孩子往与老师对立的角色上引导）

"是因为你不听话。你要是听话，老师就不批评你了。"（激起孩子的逆反心理，容易使孩子更加叛逆）

"你是懒还是没有上进心啊？"（贬低孩子）

孩子被老师批评之后，容易觉得没面子，继而出现逆反行为。在了解孩子的真实想法后，家长要帮助孩子认识到自己的错误；对于孩子的一些小毛病和小错误，家长可以在家有意识地帮助孩子改正，一段时间以后，让孩子主动和老师谈心交流，让老师看到孩子的进步，以免以后再犯类似的错误。

不爱学习，怎么劝也不听

妈妈，我可以再看会儿电视吗？

你看了一整天的电视，作业都没写，不可以看了！

真希望我可以不用学习，那样我就能一直看电视了。

场景再现

洋洋写作业总是拖拖拉拉的，他每天回家只想看动画片，有时候作业能写到半夜 12 点。妈妈对此很焦虑，不知道该怎么引导洋洋。

通常，有的孩子在生活中没有养成好的学习习惯和思维模式，随着学业负担的加重，学习难度升级时就会感觉吃力，时间长了，就会降低学习积极性。还有些性格比较独立的孩子，若是因为学习问题经常跟家长起冲突，也容易因赌气而不好好学习。

还有一些孩子不爱学习是因为习得性无助。所谓习得性无助，是指孩子在学习这件事情上反复努力、尝试，但仍然只感受到了挫折和失败，由此产生了消极心理。如果这种挫折和失败出现得太频繁，孩子就会将这种无助感泛化到类似情境中，反映在学习上，就是遇到问题想都不想就说自己不会，甚至逃避问题。

所以，家长要做的不是劝说和引导，而是要先搞明白，孩子不爱学习的情况是偶然的，还是长期的；是客观环境导致的，还是由主观思维造成的，然后再根据具体情况逐一应对。

情绪疏导话术

家长可以试着给孩子一些正向的激励，让孩子主动学习。这时候需要一些沟通技巧，比如：将"和他人比较"变成"和以前比较"，不是挑剔缺点，而是发现优点。

"你比昨天多做对了2道题。"（让孩子看到自己的进步）

"10道题全部做对有困难的话，做对8道题也是很棒的！"

（帮助孩子减轻心理负担）

"你以后拼写会越来越熟练、越来越好的。"（坚定孩子的信心）

同样的道理，家长不要用"不要粗心""不要马虎"这类模糊的话语提醒孩子，而要换成有针对性的、具体的话语，比如：

"字迹工整，看清题目，想好再写，从头检查。"（指令清晰）

在激励孩子的过程中，家长还可以试着说一些夸赞孩子"做得到""做得好"的话语。

家教艺术

心理学研究发现，当人的感情猛然朝某个方向流动时，如果想要阻止它，有时反而可能会助长这种感情的爆发。合适的办法是顺着对方感情的流向，寻找逆转机会。简单来说，就是发现孩子对学习缺乏动力，甚至产生强烈的抗拒情绪时，可以先顺着孩子的想法来沟通，要避免以下话术：

"别人能学好，你怎么什么都学不好？"（拿孩子跟他人比较，会激起孩子的逆反心理）

"别人都知道学习，你天天就知道看电视！"（指出问题即可，不必带着情绪说话）

孩子听到这样的话时，就会将其理解为"我很差""我什么都做不好"。这样的话术还容易使孩子对家长产生不满情绪，这样不但没有解决任何问题，反而把沟通气氛搞得很僵，百害而无一利。

孩子沉迷手机游戏

因为学习，洋洋要利用网络查资料，妈妈才允许他使用手机。可是，洋洋自从有了手机，经常玩游戏，且沉迷其中，无论妈妈怎么说，他都不听。手机被妈妈没收之后，洋洋就乱发脾气。

人都需要放松，而玩手机游戏无疑是很多人的放松方式之一。尤其是对孩子来说，在游戏中每完成一项任务都可以获得相应的奖励，即使失败了也没有人批评、指责，更不会有人给他们压力。没有惩罚，只有奖励，这就给孩子带来了极大的快乐。

情绪疏导话术

家长如果一看到孩子玩游戏就予以批评、反对，会激起孩子强烈的反抗情绪。对于孩子玩游戏这件事，家长要防的不是玩，而是沉迷。因此，可以这样正确地引导孩子：

"为了不让爸爸妈妈担心，不让你的眼睛受到伤害，你有好的方法或建议吗？"（倾听孩子的想法）

"在作业完成的前提下是可以玩的，你可以坐在外面的餐桌前玩，并且时间不超半小时。"（可以玩游戏，但要接受家长的监督）

在玩游戏这件事情上，家长可以和孩子一起制订计划，这样孩子能感受到家长的尊重，而不是被管控。

"我希望你可以在不影响学习的前提下自己制订一个计划，什么时候玩，你自己说了算。"（引导孩子学会自我管理）

"我们以后一起减少玩手机游戏的时间，好不好？爸爸妈

妈可以陪你一起读书、旅游，你觉得怎么样？"（创造亲子活动的条件）

接着，就是制订具体的计划，比如：下午放学后，在 17～19 点这个时间范围内，孩子可以独自用手机处理自己的事情。制订的计划一定要具体，才能确保执行下去。

与此同时，家长也要遵守这个规则，即下班回家之后，就不要再抱着手机玩个不停。与孩子一起制订的计划，需要双方共同实施。

家教艺术

良好的亲子关系，可以解决家庭教育中的大多数问题。家长不要认为使用手机的孩子就是坏孩子，要把孩子使用手机看成是很正常的一件事情。因为这一代的孩子是与电子产品的更新迭代同步成长的，手机已经成为他们的必备工具，这是个事实。

如果完全不让孩子接触手机，孩子的社交就会受到影响，跟同学、朋友聊天时，也会很难融入。所以，家长首先要放平心态，不要过度焦虑，否则自身的焦虑情绪会传递给孩子，从而造成孩子更沉迷于手机。

对孩子好，孩子却不领情

钱都交了，你不上游泳课是不现实的！

妈妈，我不想待在水里面，我讨厌水！

场景再现

　　因为洋洋长得比较瘦小，妈妈想让他通过适当运动变得强壮起来，于是给他报了游泳课。可是，洋洋并不想学游泳，他宁愿待在家里玩玩具。

有的家长认为，孩子年纪小，根本不知道自己想要什么，也不了解这个社会，所以家长有必要帮他们做规划，这也是为了他们好。但是，很多家长忽略了帮助孩子也是要有分寸的，缺乏边界感会导致孩子产生这样的想法：虽然知道家长是为自己好，但是这个好并不是自己想要的，而自己又没有办法说服家长。

边界感是指在孩子成长的过程中，家长要有这样一种正确的观念：这是孩子的生活，孩子有做决定的权利。家长要避免给孩子带去被控制感，否则孩子会认为家长想掌控一切，这与孩子渴望独立成长的愿望是相违背的。由此，孩子就会与家长发生冲突。

情绪疏导话术

家长要想真正地对孩子好，应该先找对使劲的方向。摸清孩子的心理需求，为孩子提供心理营养，家庭教育才更可能获得成功。

在给孩子报兴趣班之前，家长可以这样问问孩子：

"游泳和跑步，你更喜欢哪一种？"（对比不同的运动，引导孩子自己进行选择）

"游泳会消耗体力，你怕累也是正常的，但是不能因为累

就放弃。"（读懂孩子的内心）

"如果你真的不喜欢游泳，可以跟妈妈说，我们换另一种运动。但是拖延和迟到是不对的。"（通过对话，倾听孩子的真实想法）

"妈妈希望你有一个强壮的身体，这样可以少生病，也免得你自己难受呀。"（让孩子明白家长的真正用意）

家教艺术

没有人喜欢被控制，无论是大人还是孩子。在孩子的自我意识不断增强的情形下，如果家长仍是简单粗暴地控制孩子，就会导致孩子为了反抗而反抗，而不是根据事情的对错来选择。因此，家长最好避免以下沟通话术：

"你只学了游泳一种运动，你同学学了三种。"（隐藏的意思是"你还不够好"）

"你同学游得比你好，他还天天去。"（盲目对比，会熄灭孩子的学习热情）

这样的话术潜藏着家长希望孩子能够超越他人的愿望，但是，这样并不能达到激励孩子超越他人的目的。

"你不好好学游泳，以后会变成'豆芽菜'，难看死了。"（恐吓和嘲笑孩子）

"你这么笨，不想去学游泳，肯定是因为怕学不好。"（否定孩子的能力）

第八章

家长不应该说的
那些话

家长需要支持孩子，感受到他们成长中的点滴进步，而不是打击和羞辱孩子，使他们越来越叛逆。那么，家长应该避免使用哪些会对孩子造成伤害的话术呢？

唠叨："我跟你说过多少遍了"

玩过的玩具要整理好哦！

我跟你说过多少遍了，杯子不要乱放！

在家里不要打闹！

妈妈怎么这么唠叨？

场景再现

贞贞的妈妈总是忍不住跟在贞贞后面念叨个不停。这使贞贞觉得妈妈不信任自己，并且怀疑自己没有照顾好自己的能力。

对孩子来说，他们需要一遍遍地通过家长的言行举止来确认自己的价值和重要性。当孩子听到"我跟你说过多少遍"时，更多领会到的是这句话的潜台词：孩子做不好，跟家长没关系，要怪就怪孩子自己。家长善意的提醒在孩子听来变成了责备，因此孩子自然会产生情绪。而且，似乎很多家长并没有意识到这句话已经成为教育孩子的口头禅，更没想到它会在孩子心里激起波澜，造成不小的影响和伤害。

情绪疏导话术

家长可以试着避免使用含有"逆向信息"的语言，比如："你……不好，不对，不行……""你必须……""你应该……""你要……"

这种话术的模式是"你"+含指责、抱怨意味的主观评判性语言或"应该""必须""不要/要"等命令性语言。

那么，孩子喜欢什么样的话术模式呢？答案是描述事实+表达家长的主观感受+希望孩子做的事，比如：

"看到屋子里撒满了玩具（描述事实），我觉得挺乱的，看着有点儿不舒服（表达家长的主观感受），希望你可以抽点儿时间打扫干净/帮忙打扫一下。"

"可以"带有商量的意味，给孩子选择权，让孩子感受到被尊重。

家教艺术

美国著名作家马克·吐温为人风趣幽默，才华与名气并存，然而，这样一位伟大的文豪，也受不了他人的唠叨。

某次，马克·吐温在教堂听牧师进行募捐演讲，很快被牧师的演说打动，计划捐一大笔钱。

谁承想，牧师话太多，又10分钟过去了，演讲还没结束。马克·吐温已经厌烦到不想捐款了。

马克·吐温的这种行为对应的心理学现象就是"超限效应"，即刺激过多，或者作用时间过长，会引起人的逆反心理。教育孩子也是如此，很多时候，家长本来是想传达爱意，然而太过唠叨，反倒使孩子产生听觉疲劳，对家长的话自动过滤，甚至产生抵触情绪。

威胁："再不听话，我就不要你了"

每个玩具你都只有三分钟热度。不许哭，再不听话，我就不要你了！

我要那个玩具！我就要那个玩具！

场景再现

　　贞贞特别喜欢毛茸茸的玩偶，只要在商场看到毛绒玩具，贞贞就特别想要。贞贞再三哀求并哭闹着要买玩具后，妈妈用"再不听话，我就不要你了"向贞贞下了最后通牒。

当孩子哭闹时，很多家长总是想着先让孩子安静下来，尤其是在公共场合，家长在无计可施时，甚至会对孩子说出一句"不要你了"。

但是，这种方法只能暂时让孩子安静下来，并不能从根本上解决问题，而且还会对孩子的心理造成一定的伤害。长期处于这样的环境下，孩子虽然会记住自己不能让家长失望，但变得更乖只是一种假象，是对自卑心理的伪装。因为家长的要求很高，孩子无法达到，就会认为自己没用，长期下去就会形成自卑、敏感的性格。

情绪疏导话术

家长可以把恐吓式语言换成承诺式语言，"以奖代惩"引导孩子。可以用这些话术：

"你要跟妈妈好好商量，以后妈妈就会给你买玩具熊。"（对好的行为，给予正向奖励）

"你想不想吃香喷喷的红烧排骨？妈妈回家给你做你最喜欢吃的红烧排骨，怎么样？"（转移孩子注意力）

还可以这样安抚孩子：

"你现在很生气，很想哭，对不对？妈妈都知道。"（让孩子知道，家长能与自己共情）

"你看，商场里这么安静，你这样一直吵闹，其他小朋友会不开心的，这样做是不对的！"（帮助孩子树立是非观念）

这类话术主要是围绕告诉孩子错在哪里，哪些事情是不能做的，做了会产生什么不好的后果等展开的。孩子懂得其中的道理之后，就会改正自己的行为。

家教艺术

幼儿阶段是亲子依恋关系形成的关键时期，在此期间，孩子如果感受到的是家长无条件的接纳和爱，就会形成安全型的依恋人格。这种依恋人格将成为孩子以后探索外部世界的坚实基石，使他们能够自信地向前迈进，同时，家庭和家长也将成为他们心中永不倒下的强大后盾。

否定："你真是个没用的笨小孩"

这么简单的事情，你都做不好，你真没用，你真笨……

你就是三分钟热度，从小到大，你有哪件事情能坚持下来……

我真没用！

贞贞最近在和好朋友丽丽一起上舞蹈课，但是丽丽学得比她好。为此，妈妈会说她"真没用""就是笨小孩"。这类话语令贞贞很受打击，甚至产生了自我怀疑。

家长如果长期用语言对孩子进行打击和否定，就会使孩子对自我产生错误的认知，会使他们觉得自己真的很没用，做什么错什么，做得多错得多，索性还不如不做。长此以往，孩子会逐渐失去独立意识，以至于遇到困难后，首先选择的不是想方设法地解决问题，而是把困难往外推，把责任推给家长、同学、老师等。

过度的语言打击其实是一种语言暴力。研究发现，长期在语言暴力下生活的孩子中，有86%形成了防御性性格，即自我否定，感到自卑、脆弱、不自信，缺少安全感，行事过度谨慎，为人内向，不善言谈等；剩下14%形成了攻击性性格，即变得敏感、暴躁，情绪不稳定，易叛逆。

情绪疏导话术

家长不要抓住孩子的缺点不放，而要多表扬孩子的优点。比如：家长先对孩子做得好的部分进行表扬，再委婉地指出不足，就会使孩子慢慢地克服自身存在的缺点。可以试试下面这些话术：

"宝贝，今天的你比昨天又进步了一点儿，日积月累，妈

妈相信你一定能行。"（引导孩子向积极的方面去思考）

"你可以总结一些让你进步的做法，下次用这些方法再试试，争取能进步得更多。"（鼓励孩子总结方法，以取得更大进步）

否定的话语带给孩子的是负能量，而肯定的话语带给孩子的是正能量。因此，家长要把否定句，如"你办不到""你不能这样做""你不行"等，变成肯定句，如"相信你能办到""你能行""我希望你这样做"等。

家教艺术

好的教育，是尊重孩子的意愿，让孩子在一个安全的环境下学习、自省和成长，而在被控制和羞辱的环境下，孩子只会越来越萎靡不振。孩子在成长的过程中，最需要的是来自家长的肯定的话语。相反，负面的话语则会伤害孩子的自尊心和自信心，对孩子的成长不利。

不信任：“肯定又是你的错”

你平常总是粗心大意的，肯定又是你把我的车钥匙弄到沙发下面去了。

爸爸，我没有拿您的车钥匙！

场景再现

贞贞有点儿丢三落四的，会弄丢一些东西。早上，爸爸上班前找不到车钥匙，觉得是贞贞弄丢的，让贞贞帮忙找。可是，贞贞昨天根本没有碰爸爸的车钥匙。尽管贞贞再三解释，爸爸还是不信任她。这样的误解令贞贞觉得很委屈。

在生活中，有很多家长对孩子总有一种先入为主的看法，比如：若孩子有丢三落四的坏习惯，家里一丢东西，家长就觉得是孩子弄的，而且还会放大自己的焦虑，想要借机让孩子改正错误。在教育孩子的时候，很多家长会不自觉地运用自己的权威，于无形中传递给孩子一个强烈的信号：家长才是对的。然而，在孩子看来，这就是家长对自己的不信任。

无论多小的孩子，都是一个独立的个体，有独立的心智，和成年人有近似的心理需求。他们希望家长能肯定自己的行为、言论、成就；在遭到他人冤枉时，会感到痛苦、委屈、失望等。如果孩子长期处于被冤枉，得不到肯定、赞扬和信任的环境，其性格的形成和人格的完善必然会受到严重影响。

情绪疏导话术

即使孩子做错事，真的弄丢了家里的东西，家长也不要着急给孩子"定罪"，首先要信任孩子，可以用这些话术与孩子沟通：

"没想到你也有记性不好的时候，那我在哪里可以找到东西呢？"（虽然带着责备意味，但态度是温柔的）

"找不到钥匙会影响出门，看来我们下次最好提前收拾好第二天要用的东西。"（告诉孩子弄丢东西的后果以及解决的办法）

　　"你快点儿想一想：钥匙掉哪儿了？丢三落四的习惯真不好！"（指出不好的习惯，并不直接否定孩子）

　　上面这些话术的重点是"如何找到钥匙"，不是强调"谁把钥匙弄丢"。即使真的是孩子弄丢的，也要尽快解决当下的问题，避免让孩子上学迟到，使孩子于无形中认识到自己的错误。

家教艺术

　　愤怒的指责只会让孩子恼羞成怒，从而将注意力从寻找需要的东西转移到对抗家长的指责上，这样容易使问题的重心跑偏。

　　成年人会习惯性地低估孩子的学习力、判断力和理解力，习惯性地忽略孩子的声音。这也是很多家长习惯性地不信任孩子的原因。因此，家长应该对孩子多一些信任。这份信任会像一种神秘的力量，推着孩子在人生路上越走越顺遂。

比较："看看别人家的孩子"

你看看，人家彤彤为啥数学成绩考得那么好？

你的成绩还不如你表妹的一半好。

你怎么就不学学别人家的孩子？净让我们操心！

自从贞贞上小学之后，爸妈就加入了很多学习群，群成员基本都是家长。在群里看到各种令人艳羡的"别人家的孩子"之后，贞贞的爸妈就喜欢上数落她了。

"你看看别人家的孩子"是许多家长的口头禅，他们并没有觉得这话有何不妥，因为家长说这句话的目的是让自己的孩子向更好的榜样学习，激励孩子。

但是，当家长明确地说出"你看看别人家的孩子"时，孩子感受到的不仅仅是一种比较，同时还有来自家长的否定，这对孩子来说是很大的伤害。孩子可能会想：我是在某些方面不如别人，无论我怎样努力，家长都觉得我差，他们是不是不爱我？家长这样的表达，只会使孩子从负面角度去思考自己比别人差这件事情，从而产生更多的焦虑和不安全感。

情绪疏导话术

孩子感觉自己很糟糕时，往往不会表现得更好；孩子只有感觉自身充满力量时，才会发挥得更好。所以，家长要多关注孩子付出的行动和取得的进步，这样才能更好地激励孩子。要想让孩子凭自己的努力来提升自我，可以用这样的话术激励他们：

"妈妈看到你这次练习乐曲很认真、很专注，能用深呼吸控制自己的节奏了，真棒！"（指出做得好的细节）

这种语言就像在告诉孩子：家长觉得孩子会像那些优秀的

人一样，通过自己的努力做得更好，帮助孩子为自我赋能。

家长还可以这样说：

"我发现小明有一个优点，他很喜欢尝试自己没有做过的事情。在我心里，你也可以这样，这将会成为你的优点！"（家长的鼓励能帮助孩子建立信心）

家教艺术

家长要明白，每个人的进步速度都是不同的，不要拿自己家的孩子和别人家的作比较，关注孩子的成长和进步才是最重要的。在孩子取得一些成绩的时候，要避免以下几种话术：

"虽然你这次取得的成绩还可以，但还不够。你要争取做到每次都拿满分。你这样的成绩，对那些优秀的人来说根本不算什么。"（否定孩子的进步）

"你看一下别人，刚开始成绩也不好，但现在人家已经名列前茅了！你不要因为这一点儿小小的进步就骄傲。"（打击孩子的自信）

独断："我说不行就是不行"

我喜欢这件，买这件吧！

那条裙子对你来说太长了，还是买短裙吧。

我就要买这件嘛！

我说不行就是不行，小孩子懂什么?!

　　妈妈带贞贞去商场买衣服时，贞贞喜欢上一件粉色的长裙。但是妈妈觉得那件粉色的裙子太长且容易脏，就没有答应她的请求。面对贞贞的抗拒，妈妈觉得孩子小，不懂事，就应该听家长的，可是贞贞一点儿也不想穿妈妈给她买的裙子。

很多家长在与孩子商量某件事情时，会情不自禁地说："我说不行就是不行。"这句话的潜台词是，家长是权威，所以孩子必须听家长的，家长要孩子怎么做，孩子就必须怎么做。

这句话虽然捍卫了家长的权威，但是对教育孩子起不到应有的作用。我们每天都面临着无数的选择，每个人都要根据自己的实际情况做出选择，小到买一件什么样式的衣服，大到选择什么样的工作。如果家长从孩子小时候就剥夺其选择权，那么孩子就会养成事事依赖他人、凡事需要他人替自己做决定的习惯，从而无法掌控自己的生活。

情绪疏导话术

家长要意识到孩子是独立的个体，要允许他们有自己的想法。哪怕孩子的某些想法是幼稚的，也不要剥夺孩子表达的权利，更不要让孩子必须与家长的想法保持高度一致。当孩子喜欢某条裙子，而妈妈不喜欢时，可以这样对孩子说：

"我觉得短裙更好，更方便打理。当然，我尊重你的意见。"（家长表达自己的看法，让孩子自己做选择）

如果孩子这次的穿着对家长来说很重要（如参加大型聚会），就可以跟孩子协商：

"我不会在每件衣服上都管你，但是这次的聚会对妈妈来说很重要，如果你愿意按我说的做，我会很感激。"（孩子能从家长的言语中感受到被尊重）

家教艺术

家长不容商量的拒绝，代表的是家长的强权意识，以下这些话术就是如此：

"因为我比你更有经验，所以你要听我的。"（用自己的权威让孩子服从自己）

"我觉得这样做不对，你为什么还要做？"（先入为主的看法，很难让孩子表达真实想法）

"爸妈都是过来人，你必须听我们的。"（孩子的自我意识被压制）

对于以上这类话术，家长应该慎重使用。因为教育孩子的目的是帮助孩子，培养他们变成具有独立人格、有能力掌握自己未来人生的孩子。而强硬地拒绝孩子，限制孩子表达自己的意愿，会把孩子驯化成只会听从家长安排的木偶人，这与家长培养孩子的目标是背道而驰的。

所以，从现在开始，家长不要随意对孩子说"我说不行就是不行"。耐心、包容地与孩子好好沟通事情，也许才是上策。

羞辱："考这点分数，你还有脸回家"

给你补课都白补了？上课时你在干吗呢？

考这点分数，你还有脸回家？

场景再现

　　期末考试的成绩公布了，贞贞考得不理想。看到贞贞成绩单的那一刻，爸爸妈妈很生气，一时之间说了很多难听的话。这令贞贞觉得很羞耻，她觉得爸爸妈妈只爱成绩而不爱她，甚至产生了自己不配被家长关爱的想法。

对于孩子考试没考好，大部分家长的第一反应是孩子不努力、不争气，并且固执地认为："别人都能考好，为什么自家孩子越学越差？"在这种心理的驱使下，家长就会不自觉地打击孩子。然而，家长对孩子的成绩表现得越失望，孩子就越会对学习没有信心。因此，有教育专家认为，家长对待孩子成绩的态度，决定了孩子进步的速度。

家长的一时冲动、口不择言，往往会带给孩子这样的暗示：自己不配被家长喜欢。6~12岁的孩子渴望得到家长的表扬与鼓励，他们的学习动力大多源于家长。一旦孩子觉得自己被家长放弃，就会丧失学习兴趣与动力。

情绪分析

情绪疏导话术

虽然家长出于对孩子的爱而责备孩子，但是批评孩子时要客观，也要遵循科学的方法；只有方法对了，才能引导孩子更积极地认识自己，评价自己。可以试试用下面这些话术与孩子沟通：

"你这次没考好，主要是对知识点掌握得不牢固，应该加强复习。"（指出了孩子没考好的具体原因，这样孩子才有改正的方向。批评越精准越好，如指出孩子是粗心还是没掌握好基础知识，为孩子指明改正的方向）

"因为你的粗心，这次考试丢了12分，下次要注意。"（当孩子因为粗心而丢分时，就提醒他注意审题，帮助孩子吸取教训）

"你可以改掉粗心的坏毛病，妈妈相信，你下次一定能考得更好。"（比起贬低孩子，期待性的评价更容易使孩子接受）

家教艺术

奥地利心理学家弗洛伊德认为，儿童时期的经历会对一个人毕生的人格和个性发展产生重要的影响。如果孩子在家里经常遭受家长的语言羞辱，内心就很容易发生扭曲。

所以，家长不要羞辱孩子考的分数低，不要对孩子说"考这么差，你还好意思回家？"之类的话，可以试着客观地同孩子讨论"为什么这次没考好呢？"。之后，也许孩子就会说出具体原因，比如因为考试太难、题量太大，或者其他原因。这样，家长就可以有针对性地进行下一步的教育引导。家长不带批判地与孩子沟通，时间久了，就会发现，孩子并非不骂不成材，春风化雨般的教导更能使孩子茁壮成长。

功利："你吃我的，用我的"

你吃我的，用我的，干点儿活儿是应该的，我辛辛苦苦地养你，你就不知道感恩吗？

晚饭后，妈妈想让贞贞帮忙刷碗。但是，贞贞想看电视，不想刷碗。妈妈生气地对贞贞说教了一通，这让贞贞又难过又生气，最后只好一脸不快地刷起了碗。

家长不应该把自己的意愿强加到孩子身上。"我这么辛苦都是为了你",这是一种以爱为名的对孩子实行的操控。来到这个世界并不是孩子自己选择的,家长不应该对孩子进行情感绑架。否则,孩子就会变得越来越不快乐,甚至越来越沉默、越来越畏缩。

情绪疏导话术

家长要想引导孩子感恩,不要使用语言暴力,可以试试这些话术:

"宝贝,妈妈忙不过来了,你可以帮我把碗洗了吗?"(平等对话,请求孩子的帮助)

"妈妈也想看一会儿电视,放松一下。你帮妈妈刷碗,然后我们一起看电视,好吗?"(把强迫孩子刷碗变成孩子体谅妈妈)

"真开心,你能帮妈妈的忙了,谢谢你!"(夸奖可带给孩子成就感)

当家长用语言刺激孩子,让孩子产生亏欠和内疚感时,孩子会比任何时候更想独立和自强。但这种独立和自强,是带有负面情绪的,并不能起到教会孩子感恩的效果。所以,家长应该避免对孩子说功利性的话语。

家教艺术

　　苏联教育学家安·谢·马卡连柯说过："一切都为了孩子，为了他牺牲一切，甚至牺牲自己的幸福。让他背负这一切，这是父母送给孩子可怕的礼物。""你吃我的，用我的"这句话会让孩子感觉自己在家庭里没有地位，不被尊重，甚至会感觉自己是欠债者，感觉家长随时有权向自己索取债务。

　　家长如果长期营造出这样的家庭氛围，就很难培养出具备独立生活能力和独立意识的孩子。在这样的家庭氛围中成长的孩子，往往会因为自我意识的觉醒而与家长决裂，家中也无法形成家长期望的"我陪你长大，你陪我变老"的和谐亲子关系。只有当家长不用自己的意愿束缚孩子时，孩子才能飞得更高、更远。